U0015515

人生正等你來探索

獻給那四年中差點因為憂慮而死的母親。
媽，妳最好現在把書闔上 ;-)

「弗羅多，走出家門很危險，你走上街，若沒留意腳下，誰也不知
道雙腳會把你帶往何方。」
——J. R. R. 托爾金《魔戒首部曲：魔戒現身》

你願意丟下現在擁有的一切，奮不顧身地去追尋你的夢想嗎？

克里斯多福願意。

當看到克里斯多福駕著帆船在南太平洋諸島之間探險時，尤其
讓我想到自己在馬紹爾群島的時候，那時的回憶歷歷在目；當他在
遊艇上遇到暴風雨時，根本就和我在索羅門群島的遭遇一模一樣
啊！

「行萬里路，勝讀萬卷書。」克里斯多福把這句話詮釋得很好，
花了 4 年時間去探索未知的世界。

對我來說，一趟旅行回來最印象深刻的，往往不是那些人多吵
雜的觀光景點，而是一次又一次與當地人的接觸。又或者說，是那
些奇特古怪的遭遇吧。

「旅行的意義，看不同的風景，認識不同的人，領略不同美
好，讓自己知道世界那麼大，人生有許多可能，不再侷限於一方天
地，讓自己看得更寬大，更寬容」

看完這本書，我想，是時候出發了。

——融融歷險記 Ben

我19歲，沒錢也要世界闖一圈

Mit 50 Euro
um die Welt

Wie ich mit wenig
in der Tasche loszog
und als reicher
Mensch zurückkam

**Christopher
Schacht**

克里斯多佛・沙赫特 / 著

楊夢茹 / 譯

目錄

先來個總整理

　　我在環遊世界的四年中所經歷到的事情非常多，多過這本書從封面到封底能收的內容，但我依舊希望盡量重現旅程中最有趣、最夢幻、最詼諧和最古怪的時刻。誰知道，也許這樣會讓你們想知道更多呢！

　　達成的人生成就：

✓ 遊歷世界 45 國

✓ 1521 個日子

✓ 海路遠征 100,000 公里

✓ 探索世界 5 大奇蹟

✓ 橫越 5 大洋

✓ 學會 4 種新語言

✓ 智齒少了 4 顆

✓ 古怪的遭遇

✓ 不斷結交新朋友

✓ 讓人羨慕的照片

✓ 吃噁心的食物

✓ 獲得改變人生的智慧

✓ 數不清的冒險

　　現在，跟我一起出發吧！

出發了

「喀嚓……」在鎖內再轉一圈,「啪吖」,好了!我把鑰匙丟進門旁邊的信箱,然後轉過身,嘗試記住這一刻。陽光很溫暖,風兒輕拂,吹來混和冷杉木和剛除過草的氣味。這個七月一日真是夢寐以求!我瞇著眼對著太陽,裂開嘴笑。這一刻我足足等了一年半!

過去一年,我的日子過得很緊張,考過一科又一科的高中畢業考,為了一場程式比賽忙了超過 200 小時,在漢堡打工,還有一本三星期前已經填得滿滿的行程計畫,現在裡面的事項都完成了。在我眼前的是……自由!

我背起背包,跳下樓梯,來到人行道上,從我們這座小村子走上整整一公里路,來到公路上的公車站。我邊走邊向幾位上年紀的鄰居揮手問好,他們正利用這個美好的星期一上午整理花園,並且讓前些天發生過的事情在腦子裡轉一遍。

周末時,我們為祖父慶祝 90 大壽,我在他家與親戚們道別。雖然不知道要離開幾個月還是幾年,但是我挺高興的。我妹和我媽都哭了,我爸和我的雙胞胎弟弟倒是看得很開。道別後,我的家人驅車前往丹麥,10 年以來,我們家每個夏天都去那裡度假,

這是我第一次缺席。

「你真的瘋了！」一位朋友搖著頭指責我，然後補上一句：「我不懂，靠那麼一點錢，你怎麼辦得到！」

意思是：我想要環遊世界，但是我的口袋裡只放著 50 歐元，而且沒有具體的計畫。換個說法，所謂計畫就是沒有計畫；就是出發，然後看看命運把我帶往何處。我喜歡的地方，愛待多久就待多久，不想留就繼續走。沒有行程，沒有明確的目的地。這個計畫與我目前為止的人生形成絕對反差。這就是自由！

「你不想上大學嗎？還有，你要在哪裡睡覺？誰幫你洗衣服？」有些問題證明了提問的人挺幽默的，好像我得依賴一台洗衣機過日子……

我當然採取了幾個預防措施，像是打聽清楚別的背包客都帶些什麼（有不少部落格和影像部落格可參考），買了一個堅固的帳篷，打了幾支預防針，申請了一本護照。此外，我還得小心翼翼地讓父母習慣我的想法和計畫 ;-)。

我特別充分準備的就是沒有準備，因為許多問題無法預見，而且會在不經意處冒出來；因此我主要就是準備開放自己，接受所有的機會。譬如，有一頂帳篷，就不必非要在規畫好的地方過夜不可；有一張地圖，就能掌握替代的交通路線；多少學一點當地語言，就至少開得了口，並且運用翻譯 App，讓溝通更容易些；藥物、預防注射、正確飲食，都能適度防範疾病來犯。如果時間多，交遊廣闊，對於舒適與否的要求又很低，預期以外的良機往往不請自來。就算出了問題，但你明白自己想要什麼，再加上態度正向，大部分時候很快就能找出解決之道。

公車搖搖晃晃開到停車道上，短促的一聲吱嘎後停了下來。

當我把鼓脹的背包拉進車廂時，車上乘客莫不睜大眼睛，驚訝地盯著我瞧。

抵達下一個較大的站後，我徒步到 A1 高速公路的一個工業區的交流道，我用 Google 地圖找出這個車輛頻繁的地方。我伸出右手，姆指向上，臉上掛起一個——我覺得啦——有說服力的微笑，左手拿一張厚紙板，上面用黑色油性筆寫著「A1 往不來梅」，下面還畫上一張笑臉，等待某輛車會停下來。

半小時過去，車子都從我身邊呼嘯而過，車裡的人也沒注意我。我繼續等，依舊沒有車停下來……

忍耐！

沒人理我……

我的微笑已經有點勉強，雙手痠疼，汽車排放的廢氣取代了自由的滋味，撲上我的臉。早上的陽光還親切照耀，此刻日正當中，毒辣的熱氣毫不留情地在我身上燃燒。

我心中響起一個細微的聲音，掙扎著要人傾聽：「搭便車旅行的時代早就過去了，現在才沒有人搭便車！沒有人要送你一程。你還沒真正出發，今晚就要掉頭回家了！」

「你為什麼不去那邊的漢堡王試試看？」一位路人發出的真實聲音，打斷了我腦袋中的微弱聲音。

「好……呃，謝謝。」我結結巴巴，忍不住啞然失笑。我正出發去環遊世界，只不過在高速公路交流道上等了一個半鐘頭，就

在我心中種下了懷疑和不安的種子！

　　放聲大笑讓不好的想法煙消雲散，我重新有了動力，背起背包，照著陌生人的建議去做。

　　果不其然，幾分鐘後，我就坐在一輛深藍色歐普小型車的後座，旁邊坐著兩個上小學的孩童。車輪在柏油路面滾動，窗玻璃後面的綠色灌木叢逐漸變形為模糊的線條。

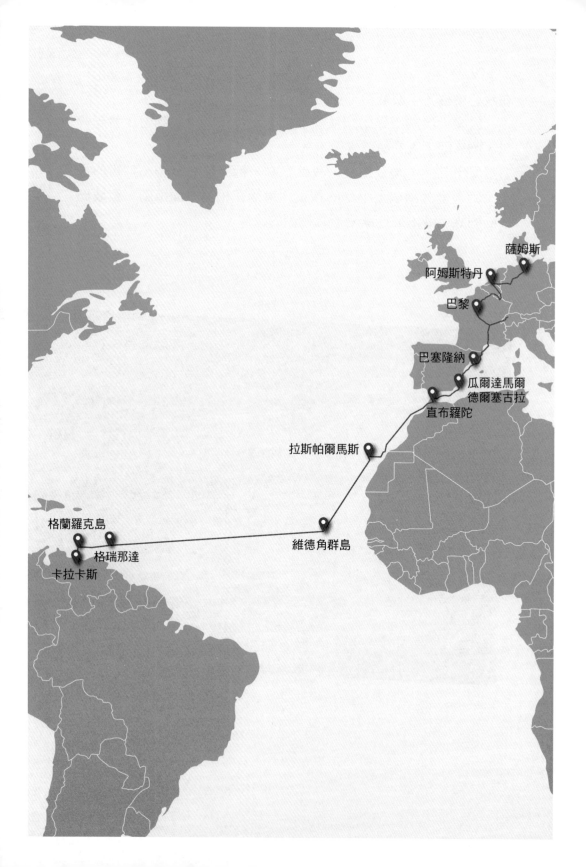

薩姆斯
阿姆斯特丹
巴黎
巴塞隆納
瓜爾達馬爾
德爾塞古拉
直布羅陀
拉斯帕爾馬斯
格蘭羅克島
格瑞那達
卡拉卡斯
維德角群島

第 1 階段
歐洲、大西洋、加勒比海群島

把錢花光，一貧如洗，旅途還是繼續，沒腦袋但是走好運……
啟航──搭便船橫越大西洋

　　一對瑞典夫妻在奧斯納布呂克（Osnabrück）附近讓我上車。就算搭便車旅行對我來說是初體驗，我一點也沒有異樣的感覺，一次都沒有。幸運的是，大多時候車內氣氛都很坦率、很真誠，因為只有願意送人一程的人，才會讓人搭便車。我從來不必勉強誰。

　　而且雙方雖然以前從來沒見過，將來也不太可能再見面，談話時卻不用擔心話不投機。一開始可能會問幾個問題，例如「你是哪裡人？」還有「你要去哪裡？」，這些問題經常會衍生出（視車程長短）非常有趣，但也挺深入的談話。

　　搭便車旅行讓我有機會認識別人的生活；由於我的年齡、興趣，或者因為我有限的社交經驗無從認識的人。在高速公路上確實遇得到各式各樣的人：醫師、建築工人、家庭主婦、鱷魚養殖場老闆、坐過牢的人，甚至黑手黨。就像是打開電視機，用遙控器把所有頻道轉一遍，看一段影集 10 分鐘，然後接著繼續轉台那樣。你看懂了一小段故事，但不知道之前發生過什麼事，也不知道之後會怎樣。最有趣的是你不斷在學習：關於不同的職業、國家、人生觀。

　　夕陽開始西下，我們抵達阿姆斯特丹的交流道出口，我的第一個目的地。之後我想去巴黎，接著去巴塞隆納。

「今天晚上要慶祝一下！」和我交上朋友的兩個瑞典人這麼決定，我也同意。我們把行李留在他們入住的一間便宜旅館的房間裡，然後去找地方慶祝。

在環繞阿姆斯特丹市中心的狹窄街道和運河邊，我們遇見一大群人。問他們要去哪裡，一位穿紅色 T-Shirt 的年輕男子邀請我們加入他們的行列。他胸前的白字寫著：「串酒吧，你不會記得這一夜，但這一夜會讓你永誌難忘！」不久後我們全擠進一間骯髒、閃著紅燈的迪斯可酒吧。瑞典人讀著門上「一杯啤酒一歐元」的海報，他讚嘆地說：「天堂！」

✳

我瞇起眼睛，車裡的陽光好耀眼。揉一揉我仍然有點茫然的腦袋；很難說我的茫然究竟是睡眠、大麻，還是飲料引起的，大概每樣都有一點吧。四小時前我們才搭計程車回旅館，瑞典人讓我在他們的車子裡睡覺。

嘴巴好乾，我抓起儀表板上的水壺，連灌好幾大口水之後，我打開車門。迎面吹來舒爽的涼風，我一邊瀏覽旅館停車場，一邊伸手進長褲口袋，掏出剩下的錢，一塊嚼過的口香糖，以及一小張撕破的紙條。這張紙條是穿紅色 T-Shirt 的傢伙與我坐在酒吧前面的人行道上聊天時給我的。

我把紙條放回口袋，開始數我還剩下多少錢。**天啊！**出發時我帶了 50 歐元，第一晚就揮霍掉整整 35 歐元！「可喜可賀！」我諷刺地祝賀自己破產了。

有件事很清楚：我迫切需要一份工作和一個可以睡覺的地方。目前的最佳（也是唯一的）選項，是邀請我們串酒吧的那個年輕人的名片。我把他列為第一個拜訪的對象⋯⋯

我散步穿過馮德爾公園，夏季這裡的大片綠地和輕鬆愜意的

氣氛，特別吸引大學生與藝術家來閒晃。路邊一張椅子上有個留著一頭金色長髮的年輕男人，他懶洋洋地撥弄吉他，唱起歌來。打開的樂器袋子放在他前面，提醒路人丟錢打賞。他身後有一位很瘦的年輕女子，正看守著他們的兩個大背包。她和她男友不同，頭髮很短，左邊鼻孔穿了鼻環。

「你們從哪裡來的？」我和他們攀談。

他們來自斯洛維尼亞，靠著在街頭演奏音樂，在歐洲旅行了好幾個月。我們閒聊了一會兒，立刻覺得彼此很投契。我問他們能不能在我找工作的時候幫我看行李？我覺得這兩個人足堪信賴。他們欣然同意，並且說，反正他們要在這個人潮多的地方待到很晚。

幾小時過後，我踏著興高采烈的步伐走進公園，因為我真的找到了一份派對導覽的差事。當我來到那個地點，幾乎不敢相信自己的眼睛，說確切一些，他們不見了！天正下著雨，街燈在我面前的公園椅子上投下淺黃色的光暈。太陽下山的時候，我的背包還在這裡，放在那對斯洛維尼亞男女的旁邊。

現在，東西不見了！

我絕望地東張西望，在灌木叢的剪影中尋尋覓覓。這附近連個鬼影都沒有。

「不、不、不！」我的心臟劇烈跳動，我不相信！雨滴落在我的肩膀上，像是領會我的心情。現在怎麼辦？背包裡有我的證件，我剩下的錢，我的裝備，我才離開家一天，不只把旅費揮霍一空，還把所有東西搞丟了！我為什麼這麼幼稚，以為可以信任他們呢？我對人的認知，顯然不如我以為的那麼好……

「克里斯！」

幢幢樹影中有兩個人影在晃動，**難道是……**？我朝他們跑過去，心頭的巨石落了地！

「對不起，嚇到你了。但突然下起雨來，所以我們到那邊躲雨

去了。」長髮音樂家向我解釋。

頓時感到輕鬆的我擁抱了他，他顯得有點吃驚。我的直覺沒有騙我！

✸

七月我就在阿姆斯特丹當派對導遊。然後來到繼續旅行的時刻，我在某個星期一中午，拿著厚紙板前往巴黎。這段車程比我預計的還要長。有時候我們太快就把事情貼上負面標籤，只因為進行得不如預期，但是過一段日子後通常會發現，這些經驗其實獨一無二。

現在就是這樣：一大清早四點鐘，巴黎還在沉睡，凱旋門附近只有我們這輛車，我愛怎麼轉就怎麼轉。這個機會太不尋常了，所以司機特地為我多繞了幾圈，當作凱旋的巡禮。

我在阿姆斯特丹認識了一位友善的不得了的沙發客；儘管是大清早，他仍然為我打開他儉樸公寓的門，從他的公寓可以看見艾菲爾鐵塔和蒙馬特。好客網的會員利用 www.couchsurfing.com 網站，就能找到旅途上免費過夜的地方，或者提供住處給旅客。你不只提供一張沙發，也可以帶客人看看你所住的城市。這個網站已經有一千多萬個會

員。我認為這很棒，但是回顧我整趟旅程，我才用了不到十次。這表示我的旅遊方式不夠衝動，而且我很難能夠規律上網。要是想「精打細算」旅行，那我建議你，一定要去當個沙發客！

為了不在歐洲最昂貴的城市過超出我能力的日子，我規定自己，每天的花費不許超過 5 歐元：吃飯 2 歐元，別的花費 3 歐元。實行起來很辛苦，但還算過得去。後來在其他消費較低的國家，我大多時候每天花 1 歐元，通常還不用超過 1 歐元就能活了。我在巴黎待了整整一星期，確確實實只花了 33 歐元，而且把所有知名景點都玩遍了！接下來，繼續往西班牙前進！

2013 年 8 月

我在宜人的 28 度氣溫下快步遊覽巴塞隆納，因為我聽說這一區的某個地方要舉行城區派對，我希望能在那裡找到下榻處。背包很重，這可不能算是散步。

「怎麼去？嘉年華？」我用當時極其有限的西班牙語，問一位個頭嬌小、擁有地中海膚色、黑髮，以及一張親切臉孔的中年女士，她是我唯一碰見的人。她笑了笑，用西班牙語或加泰隆尼亞語說了幾句，總之我聽不懂，然後她換說英語，她的英語似乎不

比我的西班牙語好。她說：「跟我來。」

　　她對我表現的耐性和興趣，讓我倆能夠馬馬虎虎溝通。她表示，她來自哥倫比亞，住在巴塞隆納很多年了，在為學齡前的小孩上課。我用殘缺的外語「告訴」她，我旅行的種種。

　　她問：「睡在哪裡？」頭靠在合在一起示意為枕頭的雙手上。我指了指背包上捲著的睡墊，再聳聳肩。她笑了起來，食指指著我說：「你睡，」然後指她自己，「我家。」我聽懂了，笑著道謝，大聲說：「謝謝！謝謝！」

　　這位哥倫比亞女士獨自撫養兩個與我同齡的兒子，接下來幾天，在我不上西語課的時候，他們帶我逛這座城市。我無法正確地表達意思，激勵我盡快改善我的西班牙文程度。這位哥倫比亞女士正在休兩星期的假，覺得陪我練習非常好玩，我們也順便磨練一下她的英文能力。

　　雖然她看起來很高興收留了我，我仍然在一星期後告辭，繼續上路。我從小和馬打成一片，童年的夢想是有朝一日在西班牙的牧場上班。幾年前，我父親在白色海岸莫夕亞（Murcia）東邊的一座莊園買了一匹安達魯西亞種馬，我的下一站就是這個地方。

　　想靠搭便車離開巴塞隆納困難重重，這與西班牙流傳甚廣的偏見有關，他們認為，只有乞丐和罪犯才會搭便車；所以，比起本地人，度假的觀光客比較願意送人一程。

　　牧場主人記得那匹馬，也記得我父親。我很快就被雇用了。

✳

　　馬場位於小丘上，底下是拉馬塔（La Mata）、托雷維耶哈（Torrevieja）兩地藍色鹽水環礁湖的自然保護區，有一大片沙丘景觀，後面是海和幾公里長的偏僻海灘。走進內陸，很快就會看到乾燥松木林和種柳橙的農場。

除了照顧馬匹、清理糞便、當園丁、殺豬和各種修理工作之外，我在牧場的另一個任務是帶遊客騎馬，我非常樂在其中。幾個住在附近的外來移民常來牧場騎馬。其中一位來自德國，他以前是建築師，已經83歲，在牧場裡有自己的馬。

「你才多大，你爸媽就放你一個人到處旅行……」我陪這個德國人騎馬，和他說起我的環遊世界計畫時，他這麼表示。他拉了拉他的栗色騸馬，以便與我保持一致的行進。這次陪同騎馬，我再次察覺，以年齡而論，這個男人和這匹馬都十分健朗。

「是呀，一開始他們不贊成，他們也許以為我只是一時頑固，過不久就會把這個餿主意拋在腦後，」我笑著說，「但是我開始添加裝備，打預防針，準備得越來越用心，他們慢慢明白了：這小子是認真的。」

「然後呢？他們有沒有勸退你？」

「他們和我一起坐下來，很嚴肅地勸我：**你知道你可能會死掉嗎？**但我的回答是，我明白，但我還是要去旅行。因為我寧可在做我喜歡的事情時死掉，而不是在辦公室裡一待 15 年，然後對自己說：**你本來應該可以……**」

他點點頭，「和我當年一模一樣，所以我來到這裡。你現在有什麼打算？」

我對他眨眨眼，「征服全世界。」

這個德國人搖搖頭，「只有傻瓜才想要征服世界，智者要征服的，是自己。」

我咧嘴笑了笑，顯然他沒聽懂我玩笑的暗示，但他的話含意頗深，我默默重複了他的話，記下了。

「你怎麼安排飛行？」他問。

「我不打算搭飛機，如果飛很長一段路，就很容易失去那種遙遠的感覺，你在某地上飛機，幾小時之後，在另一地下飛機，根本不知道自己經過哪些地方。我打算在遊艇上當助手，靠這個方法橫渡海洋。」

他揚起眉毛，「那麼，你會駕帆船嗎？」

我坦白我一無所知。他笑了笑，「嘿，你運氣不錯，我以前是帆船教練，你的計畫不會落空。」

「你認為我有機會搭上遊艇嗎？」

「如果你好好準備的話，我想，會有機會的。對一個好船長來說，態度和經驗一樣重要，11 月底到隔年 2 月是橫渡大西洋的季節，總會有幾艘遊艇願意收以工換宿的人。幫忙做事，免費搭船；我要是你，就會在直布羅陀那邊試試看，很多人從那邊出海。」

我真的非常感謝他，我在出海季節來臨之前遇見他，感覺好像是天意。

接下來幾天中，他先是帶了一本帆船教科書給我，然後是一

把索具刀和一套帆船服。「像我這樣的老人還要這些東西做什麼？如果你用得到，我會很高興。」我確實用得到，而且對整個旅程來說太重要了。

再過三天，我就要滿 20 歲，在那個 11 月的第一個星期，我離開了白色海岸，前往南方。

從我搭乘的貨車前方大塊玻璃上，終於看到了從藍色地平線蹦出來的一塊巨大岩石：直布羅陀！通往大西洋的門戶！總之我希望這扇門會為我敞開……

中午時分我走路到邊界，我必須先在那裡停下來，讓一架飛機起飛，這真讓我吃驚。英國人在邊界後面西班牙側的拉利內阿（La Línea）那裡蓋了一座飛機場，往返兩地的人一定會經過這裡。猴子棲息在岩石上，典型的英式建築，加上一段有趣的歷史，直布羅陀是周末郊遊的好去處。

「和別人一樣，把你的紙條貼上這塊板子。貼在空位上。」港口辦公室一位職員說。

我轉過身去，不由得倒抽一口冷氣：板子貼滿了紙條，他們都跟我一樣，想找艘船橫渡大西洋，很多人都已經有過經驗，有些甚至有資格證明文件。我沮喪地走出那間辦公室。競爭如此激烈，可以想見機會十分渺茫！基本上，我今年休想越過大西洋了。

但當我走遍碼頭，盡可能多認識一些人之後，我又變得信心滿滿。港口辦公室裡寫招貼的人似乎把一切交給了紙條，但我可以給人留下個人印象，雖然我必須和兩位波蘭人，一位年輕的英國女子和一位澳洲人平分這份希望。

我在一艘停泊於港灣的小型法國遊艇駕駛艙內，與陽光、尖叫的海鷗和一些威士忌慶祝生日。乘務員用演奏街頭音樂支付他

們的開銷，並打算留在地中海域。晚上我和一位捷克人一起去貨箱翻找，換句話說，從垃圾桶裡找出被丟棄、但還能吃的東西。四年以來，這個捷克人全靠丟棄的食物過日子，卻從來沒有健康上的問題。他曾在巴黎一個垃圾桶裡找出一件全新的亞曼尼西裝，他的朋友甚至在一個美軍基地的垃圾堆中，陸續收集到筆記型電腦、平板電腦和智慧型手機。那些儀器只因為插頭的規格與插座不合就被清理掉，除此外毫無損壞。被丟掉的東西這麼多，實在不可思議！光是在德國，一年就有兩千萬公噸的食物進了垃圾場，等於每人扔掉了 250 公斤的食物！

這天晚上，我們用挖出來的特殊寶藏來慶祝我的生日：一塊冷凍過的披薩，我們在一個垃圾桶裡發現的，然後放進微波爐加熱。在返回途中，我用手機和我的雙胞胎弟弟簡短地通了電話，祝他生日快樂。

2013 年 11 月

三天後，一個意外驚喜為我帶來好運：一位義大利人和他的泰國妻子打算駕自己建造的漂亮快艇渡過大西洋，原本有兩個要同行的朋友硬是從頭到尾沒出現。這對夫妻傷透了腦筋，我卻因此獲救。之前幾天的幾次談話，讓那個義大利人注意到我，在一次從港口試駕帆船出航之後，他很乾脆地答應帶我去加那利群島，如果一切順利，也會帶我去加勒比海。

我高興得要飛上天了！我的新船長想必從來不去看那些貼在黑板上的招貼，也許他去看了，但是他一個英文字也不懂，所以看不出來，那裡有一大堆經驗豐富的船長在應徵。

我不敢相信好運就這樣降臨。不到一星期，我就已經躺在 58 歲義大利人和他妻子 13 公尺長、4 公尺寬的遊艇上，他們想先去加勒比海，之後也許揚帆前往泰國。這位泰國太太有點暈船，基

於安全理由，他們希望至少再帶一個人，讓甲板上多個人手。

　　我們駛進直布羅陀海峽時已經是下午時分。我又開心又激動，我終於要進入旅程中第一個重要階段了。這期間我已經離家4個月，但感覺上，橫渡大西洋才是目前「去世界闖蕩」最重要的一步。自由的景象在我眼前，我難以形容。西邊除了地平線，就是一望無際的深藍色大海，這可是我有生以來在海上度過的第一天呢，而且我馬上就要在甲板上欣賞落日了，這也是生平頭一遭！

　　「太陽正好要消失在海水後方的時候，你得看清楚喔！」義大

利人用神祕兮兮的聲音這般建議，意味深長地看著我，「航海的人一輩子只有唯一一次機會，在剎那間看見那道綠色閃光。那個瞬間非常獨特，因為溺死者的靈魂會聚集在那裡。」

我很震撼，**我能否在我短暫的航海生涯中有此體驗**？我們一起追逐夕陽西下，果不其然：最後的一道光芒驟然染上了綠色。

「那就是你說的光吧？」我問，但沒得到答案。

船長的下顎往下垂了垂。

✳

雖然天氣很不錯，海浪仍然把遊艇從這頭拋到另一頭。海水不停地打上甲板，流過我的雙腳。風從船尾方向吹過來，我們只能在大前桅帆上打六、七個結。終於可以出發時，大家都很高興……感謝老天，我一丁點暈船症狀都沒有。可惜不是每個人都一樣好運：船長的妻子閉著眼躺在船艙中央的沙發上，那個位置感受到的晃動最小，每隔幾分鐘，她就往湯鍋裡吐。

義大利人無時無刻都穿著他那件灰色的慢跑夾克，戴一頂藍色羊毛帽。不難察覺，他曾經管理過一家電機公司，他很不義大利地讚揚德國人的精密和準時，常常責備義大利人沒有責任感。此外，他是老闆，當然永遠是對的，雖然動不動就大發雷霆；但其實他是個風趣又友善的夥伴。

他豐滿的妻子對船長的影響力，遠超過他願意承認的程度。她很愛笑，總是以第三人稱的方式說話，用自己犯的好笑文法錯誤自娛，每天都有新笑點。她經常顯得很孩子氣，卻能在關鍵時刻表現出過人的知人之明，出乎意料的體貼入微。她很可憐，若是沒在暈船就在喊餓，成為受飢餓攻擊的受害者，難怪她的臉頰豐腴紅潤。我有點嫉妒她，因為我經常因為食物定量供應而饑腸轆轆。

這兩個人雖然不說英語，但義大利語和西班牙語很相似，我們大略能溝通。我講西班牙語，他倆說義大利話，直到我逐漸能聽懂他們的義大利話。我比較常和泰國太太聊天，於是有了一種亞洲腔調，聽起來一定很滑稽。幾位義大利籍船員起初對我投以異樣眼光，我後來才慢慢暸解箇中原因。

　　經過五天五夜，我們抵達了加那利群島。過程極其艱辛。我們必須在沒有自動駕駛的情況下，全程逆風破浪航行。這表示，義大利人和我理論上一天各工作 12 小時，但他負責帆的平衡、定方位和無線電。東西都很老舊，不太靈光。事實上我每天都在舵輪後待上 15 個鐘頭，此外，每隔兩小時要換班，我簡直沒法好好睡一覺。船身搖晃很厲害的時候，除了羅盤上小小的紅色 LED 燈，沒有別的辨識方向的方法。覺察與分辨真實和夢境的能力開始變得模糊不清，必須要有堅強的意志力，才能讓刺痛的雙眼盯住那引導方向的小指針。

　　但我也獲得豐富的補償：我不只一次看到夜晚的海上螢光，也就是水中微生物在特定條件下發射出的光信號。在黑暗中看起來，就像船在水面下發射出霓虹藍色的火花。我們一再和海豚不期而遇，牠們在浪濤間忘情玩耍，時常好奇地陪我們走上一整段航程。海洋在黎明與夕陽光影中呈現出來的神奇景象，對雙眼而言，每天都是一場盛宴。

　　我們希望循 500 年前哥倫布的路線橫渡大西洋。在那之前，我們在大加那利島上最後一次停留。除了採購大量口糧之外，我們還延攬了一位新水手，一位義大利青年。在這裡也不怕找不到人手。為了橫越大西洋，有 50 個年輕人角逐遊艇上的一個空位；我很慶幸，我已經找到一個鋪位了。

12 月 24 日，我們在塞內加爾西邊的維德角群島休息了幾天。這是我第一次遠離家鄉，沒有和家人共度的耶誕節。嗚嗚！我很想念他們，心情有點受到影響。另一方面天氣很暖和，以至於我這輩子第一次穿著泳褲過平安夜。唷呼！我忍不住歡呼！我跳進土耳其藍的海水裡，一邊想著雨下個不停的北德，我在那邊的家人此刻想必套上了橡膠雨靴，穿上羽絨衣，剛做完耶誕節晚禱，在回家路上凍得打哆嗦。

接下來的航行並不太困難，但我們搞丟了應急舵，一條破爛不堪的纜繩，船員之間有過幾次不和。船上空間狹小，幾乎沒有祕密，也不可能躲到別人看不見的地方，我們的時間感也變了。一天 24 小時縮減成 3 個時段，也就是我們換班的時段。今天是星期幾根本就沒有意義。那是星期一？星期三，還是星期四？沒概念。

我們距離陸地越來越遙遠，航行在 6000 公尺深的海面上。一天夜裡，一隻疲憊不堪的鳥飛進駕駛艙，在那裡休息了大約兩小時，喝了一些我給牠的水，然後又振翅飛向天空。大西洋快要走過一半，我沒料到會和鳥邂逅，飛魚倒是很多，尤其到了晚上，不時會有幾條飛魚降落在甲板上。而跳動的章魚或烏賊就很少見了。

上次上岸休息已是兩星期半以前的事了。清晨地平線

上露出淡藍色，昨天遇見的幾頭烏龜已經預告——終於看到一座島嶼的輪廓。不久後，我們的腳再度踏上堅實的土地，準確的說，踩在加勒比海小島格瑞那達上。

我以為這裡會有長長的沙灘，但海岸處處是岩石，長滿熱帶植物的山林立。格瑞那達島的居民膚色很深，說著夾雜加勒比海俚語的英文，用一種稱做「乒」的有趣儀式打招呼：一開始握拳，然後在胸前拍兩下，同時喊出例如「尊敬」、「唷」或者「愛」之類的口號。百分之六十的居民習慣抽大麻，其他的百分之二十則偶一為之。他們主要從聖文森島取得這種製造快樂的綠色東西，每公克的價格正好可以換算成一歐元，大概比阿姆斯特丹便宜了 10 倍。

船長夫婦想把船開去馬丁尼克，從那裡搭飛機回家，至於那艘船，要花上一筆錢托運。船長太太暈船得厲害，顯然很難熬過太平洋航程；為了省下昂貴的運費，船長允諾給付我 2000 歐元，讓我把船開回義大利。但是我拒絕了，和南美洲比起來，金錢沒那麼吸引我。

在格瑞那達一個半月，我有段時間住在一艘停泊的遊艇上，愛爾蘭船主暫離一個月。他不在的這段期間我以船為家，免費，任務是照顧遊艇，讓它保持在最佳狀態。有時候我還挺有責任感的，要做的事當中，也包括把巴布‧馬利（Bob Marley）的音樂開到最大，一邊唱著「別搶我的船」。

愛爾蘭人說：「用船上的東西統統不要錢，全都是你的。」好喔，我就來用一用……

我練習用標槍抓魚，很多時間都和當地居民在一起，還不斷尋覓要開往南美洲的船隻。委內瑞拉北方出了不少海盜事件，而且也因為現在季節不對，所以從格瑞那達很少有船前往那個方向。

最後我遇到一個瑞士家庭，他們有兩個小孩，正在找幫手。我們一起航向美不勝收的寂靜島嶼布蘭基亞（Blanquilla），島上有斑斕的礁石、清澈的海水、耀眼的白色沙灘，還有數不清的鰹鵬。

　　起初幾天還像在天堂一樣，但是沒過多久，兩個瑞士人就開始對我不太滿意。我察覺到他們的態度不甚友善，就更賣力地工作，但是我做得越多，他們看起來就更加不滿。

　　抵達羅克斯群島（Los Roques）後，他們終於打開天窗說亮話：倘若我不停地工作，他們不覺得有度假的感覺。另一方面，我就算做得再多，也不足以抵消我從他們那裡得到的，也就是這一趟天堂般的航行。他們覺得，我到目前為止為這艘木飾面的船所做的事情微不足掛齒；我幫忙駕帆船，當個無微不至的保母，清理打掃，也不值幾文錢。約定好的差事我都做了，甚至做的更多。但是共處的 10 天當中，我的工作所得其實不會超過 100 歐元。

　　雖然我再三嘗試協調，問題卻沒有解決，最後只好分道揚鑣。我反覆思索這對夫婦的一個說辭：「這種旅行方式只會讓你到處碰壁。口袋沒錢的你只能少給多拿，才應付得過去。」他們這樣批評我。

　　我早就該問自己這個問題了：我是依賴別人過日子和旅行的寄生蟲嗎？

　　我絕對不想這樣！所以我在旅途中什麼工作都肯做，還經常做些收益不多的事，而且我從未求人。嚴格來說，只有兩樣東西我不會去問需要付出什麼代價：共乘機會和水。

　　然而我經常從路上邂逅的人那裡得到東西。我通常一開始婉拒，直到別人客氣得非要我收下不可。送我東西的人都是自願幫忙，這樣做讓他們很快樂，他們沒有為我負擔費用嗎？譬如巴塞隆納那個哥倫比亞家庭。我從那家人身上得到的，比我付出的還要多嗎？

　　純粹從物質角度來看確實如此。但是這類事情和牽涉到具體

價格與能力的交易不一樣。我很確定，途中對我伸出援手的人並沒有覺得他們損失了什麼，而且對那些很少離開家一步，見過的世面不夠廣的人來說，反而認為與我相遇有趣極了。文化交流、款待客人所帶來的喜悅，我講的故事，特別是彼此建立起來的友誼，對他們而言十分珍貴。

在非常貧窮的國家時，我時常反過來盡可能捐些吃的，或者把我不需要的衣服送出去。有時候有機會直接回報，譬如我在祕魯寄宿家庭的女兒，我協助她取得了在德國讀醫學系的機會。

許多旅途中碰到的人，變成了我真正的好朋友，直到今天我們依然保持聯繫，其中幾位甚至來參加了我的婚禮。對我來說，這可是無價！

2014 年 3 月

太陽高掛天空，沙灘上停了幾艘彩色木船，一位漁夫坐在一架收音機旁補網。這裡真的像是天堂！羅克斯群島又叫加勒比海之珠，實在很貼切。我深呼吸，雙腳踩進熱呼呼的沙子裡，嘆了一口氣。我心中依舊在抗拒前幾天不太愉快的回憶，試著讓美景把我的心情轉為晴天。

「我在找開往委內瑞拉的船，」我的問題混合了義大利語和西班牙語。這一段期間都在說義大利語，西班牙語變得不明顯了。

漁夫說：「Posada。」朝肩膀上方指了指。我謝過他，往他指的方向前進。這個方向把我帶到一條寬敞柔軟的沙徑，在本地稱作「街道」。島太小了，基本上看不見汽車，我在一棟表示歡迎入內的房子的招牌上看到 Posada 的字樣，下方掛了一塊「旅行者之選 2013」的銀色牌子。原來 Posada 是旅店的意思。

「哈囉？」我對著打開的門呼喊。一位約莫 50 歲、外貌友善的婦人馬上現身。我向她打聽船長的下落，她笑了起來。

「船長不在。如果有人需要幫忙，會有人把他叫過來。你是德國人還是義大利人？」

她真好！我告訴她旅行的事，不到一刻鐘光景，旅店女主人就為我找到一艘貨船上的免費鋪位，分給我一個房間，還請人幫我準備一些吃的。差距實在太大了：一個半小時前，我有被那個瑞士家庭驅逐出來的感覺，此刻卻得到了親切的照料。

我在一本除了菜餚之外，也把委內瑞拉每個角落的景點與居民一一拍攝下來的食譜中，發現一張令我激奮的照片：「我想去那裡！」照片上是一個架高在水上的木造房子，房子沒有牆壁，還有幾個矮小、頭髮又黑又亮的人。

「那是瓦勞人，原住民，」旅店女主人解釋，「他們住在委內瑞拉東部，奧里諾科河大三角洲，奧里諾科河是南美洲第二大河流，僅次於亞馬遜河。」那個地方位於原始森林內，遠離文明世界，也沒有基礎建設。

在叢林裡和真正的原住民生活一段時日這件事讓我蠢蠢欲動。我們是歐洲的「土著」，但是從身上已經不太看得到原始痕跡和與大自然的親密關係。具有發現精神的我目前只去過北德森林，因此非常好奇，想認識一種能放棄所有工業化產品的生活方式，親身接觸真實的亞馬遜雨林動植物──這個機會太讚了！我覺得瓦勞人匯集了所有條件：在雨林、水中及水邊和原始部族過自然的生活，這些冒險元素向來最吸引我。中頭獎啦！

我收到了一堆建議：如何去委內瑞拉首都卡拉卡斯，如何從那裡前往離奧里諾科河三角洲不遠的玻利瓦爾城（Ciudad Bolívar）。相較於這個國家其他幾個政治動盪地區需要避開，去那裡算安全了。現在我有了一個新的目標：去找瓦勞人！

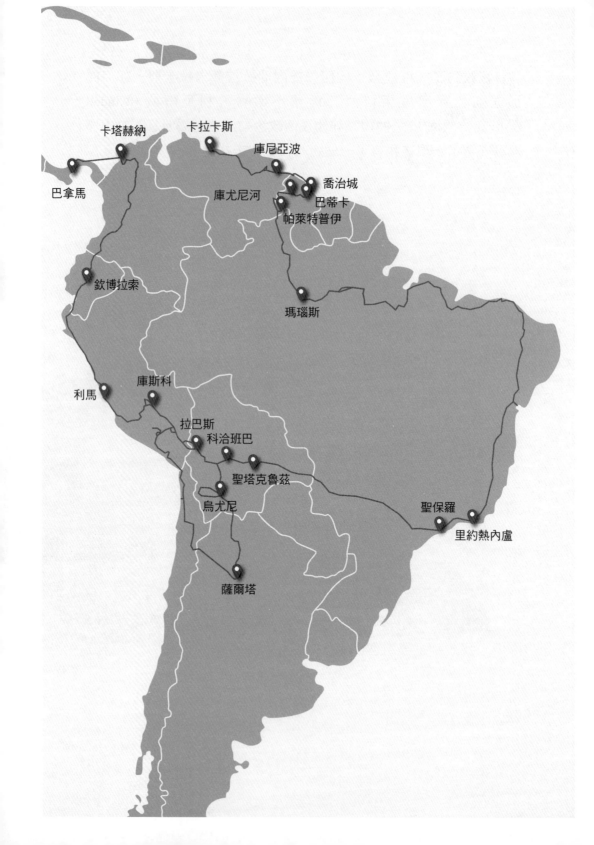

卡塔赫納　　　卡拉卡斯

庫尼亞波

喬治城

巴拿馬

庫尤尼河

巴蒂卡

帕萊特普伊

欽博拉索

瑪瑙斯

利馬　　庫斯科

拉巴斯

科洽班巴

聖塔克魯茲

烏尤尼

聖保羅

里約熱內盧

薩爾塔

第 2 階段
南美洲

住在原住民的叢林裡，毒品、謀殺、性，淘金熱，生死一瞬間，我一生中最尷尬的時刻

我在一艘開往卡拉卡斯，載滿食物的貨輪上跌跌撞撞，深夜時分抵達目的地。地鐵黑貓站（Gato Negro）人聲鼎沸，商人在攤開的布上販賣貨品，或是賣鍋燒和炭烤的食物。來往的人們穿戴整潔，但是卡拉卡斯除了公車與地鐵之外，其他地方看起來破舊不堪。許多地方的街邊堆著廢棄物和碎石頭，不少建築物看起來快要倒塌的樣子。高樓大廈屈指可

數，我連一位觀光客都沒見到，且在不同的店家前面看到長長的隊伍。我才剛抵達這個國家，馬上就見識到社會主義的集體排隊現象，現場直擊，生動有致。

基礎設施倒是完整無瑕，甚至很現代，很舒適。我在一列地鐵車廂內看到「2006 年法國製造」，一旁掛著馬杜洛總統所屬的社會主義黨海報。一年前他還在開公車，前總統查維茲過世後，

他堂堂進入了總統府，既沒有經驗，又不具備應有的能力。一個平民總統！

我決定這次搭巴士，理由之一是基於安全，一再有人勸我打消搭便車的念頭。理由之二，從拉瓜伊拉（La Guaira）到玻利瓦爾城的車程長達 600 公里，車資只有 4 歐元；地鐵、公車、夜間巴士、一次計程車，統統加在一起。為了省下 4 歐元而賭上性命？我真的不能這樣對待我的爸媽。

搭公車之所以價廉物美，是因為汽油在委內瑞拉便宜得像不要錢。我說的是真的。換算起來，1 歐元可以買到 44 公升汽油！這裡的通貨膨脹也讓人頭暈眼花：現在 1 美金可以換到 136000 委內瑞拉玻利瓦，我在那裡的時候，還只能換到 70 委內瑞拉玻利瓦！

汽油實在太便宜了，難怪大家都很浪費。我就在路上看過船隻在港口加油的情況，當地人不認為有必要先關上長長的管子旋塞，直接把打開的管子拿到停在隔壁的船，每次都有幾公升汽油流進河裡，河面於是散發出如彩虹的亮光。環保這個詞，聽在許多當地人的耳朵裡是個外來語，他們對清理垃圾也同樣缺乏意識。

✳

我在打聽去原住民三角洲的方法，聽起來似乎難如登天，因為既沒有道路，也沒有前往那裡的交通工具，而且很少有人有興趣去走這段路。後來我找到一位願意帶路的傳教士。我心中默默記下，有三種職業的人適合讓我搭便車去到如此偏僻的地方：傳教士、醫師、商人（也就是走私者）。理論上人類學家應該也可以，只可惜這樣的人非常少。

太陽還沒升起，我們先登上一艘金屬製的馬達船，小船 6 小時全速前進，航行過奧里諾科河 150 公里的直線距離。

三角洲地區有許多平坦的島嶼，海洋距離很近，每天讓水平面升升降降幾公尺，距離卻又遠得不足以增加河水裡的鹽分。透過規律的漲潮灌溉，河的左右岸長滿了茂密的叢林植物。

　　瓦勞人的村子位於一條大支流旁，和我在烹飪書上看到的照片一模一樣：房子蓋在水中的木架上，沒有牆，可以把屋內看的一清二楚。一戶戶房子之間有木板架的橋梁，有些橋破爛不堪，有些走過去要注意腳下的平衡，才不會掉落水中。在河邊到處可以看得見小孩跳水、玩耍，划輕便的獨木舟。若說這裡的小孩都是在水裡長大的，一點都不誇張。水對日常生活太重要了，瓦勞人語言中的「水」（Ho）極為簡短。同樣具極簡風的是用曬乾的棕櫚葉編織的吊床，它的地位簡直神聖不可侵犯，出於對吊床主人的尊重，外人連碰都不能碰一下。吊床叫做「Ha」。

　　這種語言很容易學，因為沒有動詞變化，而且幾乎沒有文法。至少我是這麼覺得，因為我只是隨意說出一個個單字，他們都能明白我的意思。我還注意到，瓦勞人的語言中沒有「愛」這個字，也沒有等同於「請」的字。若要形容某個情況是「好」的，他們就說「謝謝」（Yakera）。瓦勞人的話不多，單純地相處在一起比說話更重要。

　　瓦勞人一開始顯得很害羞，事實上他們開朗、無憂無慮，而且十分好客。此外，儘管體格不高大，他們卻十分擅長運動，尤其是平衡感，好得令人驚訝。大部分的瓦勞人在 13 至 15 歲時就選好了人生伴侶，不多久就會生下小孩。在傳教士和他們說起上帝種種之前，瓦勞人認為他們以前住在雲朵上。把那裡能吃的東西都吃光的時候，他們順著一道彩虹滑下，來到食物應有盡有的地上。事實上，河裡的魚源源不絕，瓦勞人會種植山藥和木薯，因此一天只要工作兩小時就夠了，接下來可以躺在吊床上享受。多好的日子呀！

　　我獲准在一間空置的茅舍裡過夜。三角洲的夜裡充滿了野獸

令人驚惶的叫聲，聽起來恐怖，事實上只是兩棲動物在吵鬧。（我後來遇見兩個被這種嘈雜聲嚇個半死的阿根廷人，他們以為飢腸轆轆的大型美洲豹就在附近，正在尋找機會撕咬獵物。他們太害怕了，每次聽到聲音就爬進悶熱的睡袋裡，差點就要在裡面融化。他們在睡袋裡找到了平靜，但是等到我告訴他們，那些聲響並非來自嗜血的掠食性動物，不過是些無害的小蟾蜍在嚷嚷叫，他們又覺得自己蠢極了。）

每天都有說不完的體驗。在飲食方面，我品嚐了這個國家最具有代表性的動物 Cheguide，水豚的一種，有趣的是，吃起來很像魚肉。鬣蜥肉在這裡也很受歡迎。瓦勞人告訴我，大蜥蜴主要靠鼻子辨認方位。若是捕獲了一隻蜥蜴，要先捆住牠的腳，再把牠放到腋下摩擦，一旦牠接受了人的氣味，據說就會安靜下來，變得溫馴。偶爾我們會在鬣蜥的肚子裡找到蛋。一隻母鬣蜥會下超過 25 顆蛋，很適合做成可口的配菜。走在村子裡，到處會撞見馴養的豬亂走亂竄，有一次，我正在褐色的河水裡沖澡，牠們把我的肥皂啃個精光。想是人造的櫻桃香味把牠們飢餓的小鼻子給勾引過來。

最討厭的是大群的黑色牛虻，狀如三角形，被叮到了不只痛，還癢得不得了。蚊子也是多如大軍壓境，我聽說雨季時更恐怖。我經常得拿一根針去挑在我腳掌上下的卵，那生物和跳蚤很像，名叫沙蚤。刺破沙蚤卵後，我還要繼續和發炎腫脹的腳奮戰。

我幫忙種植與採收木薯、山藥，也協力建造了一艘獨木舟；獨木舟完工後要點燃稻草，用短暫的熊熊火勢拓寬它，然後才塑形。我還經常和瓦勞人一起去打獵和捕魚。

瓦勞人的感官出奇靈敏，直覺突出，一再令我印象深刻。有一次我和一位瓦勞牧師、他八歲大的兒子，三個人一起沿著河的支流航行。左右兩岸長滿了與人齊高的雜草、葉子、爬藤植物、蕨類，茂密得有如無法穿過的牆。

牧師忽然舉起手來，要我們安靜。於是我輕輕地把槳從水中拿出來，擺在獨木舟的一側，觀看這位瓦勞人屏住呼吸傾聽。我聽不到任何聲音，除了各種形狀的綠葉以外，也看不見其他東西。過了一會兒，他指了指河的另一邊。我們緩慢地移到岸邊，他悄悄地拿出弓和幾支箭，無聲地跳出獨木舟，獨木舟甚至沒有晃動，然後他消失在綠色叢林中。接下來幾分鐘，四下闃然無聲。

　　「大砍刀！」他的喊叫聲震天價響，他的兒子一躍而起，抓起那把長長的大砍刀，消失在綠色的牆裡。他顯然很清楚爸爸在哪裡，而我連方向都猜不出來。又過了幾分鐘，岸邊的植物窸窸簌簌，牧師現身了，臉上掛著一個大大的笑容，肩上扛著一頭貘，灰褐色毛皮上有黑色條紋，還有一個短短的大鼻子，後頸插著一支有三個尖角的瓦勞箭。

　　另外一次，我們划三艘獨木舟駛入偏僻的小支流，一直到叢林深處。我把下垂的藤本植物撥到一邊，發現隱藏在後面的亮晶晶藍色蝴蝶，這裡有很多這種蝴蝶，不由得令我目眩神迷。不時會有吱吱嘎嘎的大隻彩色長尾鸚鵡從頭上飛過，粉紅色的亞馬遜淡水豚好奇地從水下探出頭來，這些景象，簡直像是置身童話王國。

　　但是，當眼尖的瓦勞人提醒我有一條電鰻時，我瞬間回到了現實世界。那條電鰻有一個男人手臂粗，數公尺長，混濁的河水使我誤以為那是一根粗樹枝。一想到水中有這種動物靠近，一不

小心便可能被電到，我的心情完全壞了。你會麻痺，掉入河底，溺斃。我決定以後絕對不要一個人來這裡游泳。

我們有好多次必須平躺在船底，好順利穿越掉落河中的樹幹及灌木叢。最後我們抵達一塊林中空地，在這裡等待退潮時刻的水位最低點，然後把獨木舟灌滿水。我不清楚這樣做的理由，但決定按照指示做，並觀察接下來會發生什麼事。我們把一塊帶來的木頭切成好幾小塊，把它們放在灌進獨木舟的水中擰絞。小木塊流出的汁液與水混和在一起，成為一種乳白色的液體。

詢問的眼光逡巡一圈，表示同意的點點頭，我們在一瞬間把船翻過來，手上拿著矛和刀，跟著隨緩慢水流向下游流動的白色液體。白色液體碰到了魚，魚就會翻肚，迷失方向地躺在水面上，我們只要用矛把牠從水中叉起來。約莫 20 分鐘後，木頭上的毒性變稀薄，失去了效力，但這時間夠我們收集到幾十條麻痺的魚。漏網之魚會在片刻後清醒游開，好像剛剛打了一個盹一樣。

真是精明啊，瓦勞人！

2014 年 4 月

我在阿拉土爾河（Arature）待了差不多三星期；我突然有機會搭馬達小船，去船程僅一小時遠的地方，那裡是個有商業交易的村落叫做庫尼亞波（Curiapo），於是我辭別了新結交的朋友。

瓦勞牧師把他的木頭打獵武器送給我。從現在開始，我隨身都攜帶著沒有弓弦的武器，當作健行杖。後來這根健行杖成為我攀爬陡峭路徑時的上好裝備，是我背著背包枯等時的支柱，對付咄咄逼人的狗時，也能派上用場。

說英語的圭亞那（Guyana）是我的下一個旅行目標。很多走私汽油的人會從庫尼亞波村出發，走私哥倫比亞古柯鹼的人會在同一條路線再往下走幾公里，直到要橫渡大西洋前往歐洲的地

方。我從庫尼亞波村順利搭上一艘走私汽油的船，航向圭亞那北部，然後換搭一艘運輸食物的輪船，一路來到首都喬治城（Georgetown）。

雖然這個國家的面積與其昔日的殖民國英國相當，但是喬治城只有135000個居民，占全國總人口的五分之一。以人種而言，大部分居民源自印度，第二大族群則擁有非洲血緣，第三大族群是原住民，接著是中國人，白人殿後，而且數量少到我從來沒遇見過。

我打算從喬治城越過庫尤尼河（Cuyuni）的金礦區，再從那裡返回委內瑞拉。如果速度夠快，也許剛好可以趕上即將在巴西開打的世界盃足球賽。

❋

我先抵達相當沒落的小城市巴蒂卡（Bartica）。巴蒂卡位於水路交岔口，曾經是交通樞紐，可以從這裡前往不同的礦區。商人勤奮地在此地張羅物資，大礦業公司忙著招募礦工。礦工折返時，往往在這裡把賺來的錢花在妓女和毒品上，或是在這裡染上瘧疾。

一間礦業公司的辦公室是我的第一個起跑點。我打聽到，軍用卡車偶爾會駛經原始森林中沒有鋪石頭的小路，挺進較大的礦區，為那裡的挖土機和幫浦送柴油；我說不定可以搭上這樣的卡車。

我才剛抵達，就和兩位20歲出頭的黑皮膚女子交上朋友。她們說我可以在她們的住處過夜。「我們住在特區喔！」她倆警告我，我只說我無所謂。

我們沿著鋪焦油的街道往下，路邊的房子越來越破舊且搖搖欲墜。荒涼柏油路邊的溝渠聞起來像廢污水，路上還遇見一頭自

己出來打轉的驢。最後我們從一個紅色小吃攤拐進一條窄巷子，這條巷子通到一個地上滿是沙的後院。後院中央矗立著一間陰沉沉的木造房子，蓋在高木架上。木柱之間擺著幾張發霉的沙發，怪里怪氣的人坐在沙發上卡嗤卡嗤地抽著小小的金屬管子。快克古柯鹼。

「最好把你的東西放到鄰居家，只要帶上你的吊床就好，這裡小偷猖獗。」兩位小姐中的一位建議。

第二間小屋座落在空地後面的角落，屋主是一個妓女，大家管她叫「黑寡婦」。幾個憔悴的女人緊挨著坐在一張長凳上。我們才剛到，帶我來這裡的其中一個女人就和她孩子的爹吵起來。我還是暫時保持距離比較好。

我回到賣小吃的紅色貨車那裡，坐在一張塑膠椅上。山丘上有一座清真寺，那裡的宣禮員正透過擴音器用阿拉伯語誦念；我記得，我還看到幾條街外有一座鮮豔奪目的印度教紅色廟宇。

「這些笨蛋每天晚上都在製造噪音！」一個雙手交叉抵著小吃車櫃台，頭髮很短，細細的髮辮垂掛在臉頰上的男人說。髮型看起來有點蠢，但是他的長相挺好看，穿著也很時髦。「怎樣，金色小鬈髮，來這裡做啥？」

我們聊了起來。他的祖先來自巴貝多（Barbados），據他說是個醫生世家。後來我發覺，很難說他沒有杜撰自己的故事，也很難斷定他什麼時候說了實話。他受過良好教育，有敏銳但些微混亂的理解力，證明他所述的出身可信。

我問他：「你在這裡賣什麼？」不像在賣小香腸、漢堡，或是一般小吃攤會賣的東西，總之看起來不像。

　　男人謹慎地盯著我瞧，然後敲打桌上一個裝了白色小方塊和一根金屬管的袋子。他把小方塊塞進管子內一個小格子裡，用火點燃。等到小方塊融化了，他把小管子另一端塞進嘴裡，深吸一口。接著他屏住呼吸打量我，差不多快一分鐘才吐氣。「我販賣進入仙境的門票，沒人告訴你這是什麼地方嗎？」

　　「一個特區？」我試著回答。

　　「錯！壟斷集團的分店。記得把你帶來這裡的女孩嗎？她們的哥哥是圭亞那的大毒梟，妹妹在此地代理販售他的珍品。」

　　「那你呢？」

　　「我對她閨密的媽媽有些影響力，是這裡的監督。」他用兩根手指指著自己的眼睛，然後指一指那條街，「什麼都逃不過我的眼睛，要是警察來了，我就製造巨響，音量比穆斯林在他們小塔樓上搞出來的大十倍，其他人聽到，就會悄悄從後門溜走。」

　　「警察不抓你？」

　　「當然不抓。我比他們的猩猩大首領還要懂這個國家的法律，而且他們我全都打點過，有錄音為證。他們抓我，就等於抓自己。用錢談判，誰說廢話就滾。」

　　我終於回到院子裡，這時已經聚集了不少殭屍一樣的人，默默站在我掛吊床的地方，我打算在這裡睡幾個晚上。時不時會聽到打火輪轉動的聲音，小小的火光閃閃爍爍，並搭配上金屬小管輕輕的哨音。我若是把雙手伸出去，肯定會碰到吊床旁邊的吸毒者。但這不是我無法入睡的原因，主要是因為大群的蚊子，牠們似乎對其他人不感興趣，只想生吞活剝我身上活生生的肉。防蚊噴罐擺在背包裡，而背包在我無法登堂入室的鄰居家。

　　我迫不得已從曬衣繩拿走一條黑寡婦的床單，把自己裹起來。終於安靜了。幸好黑寡婦沒有追究。日後若有人問起，為什

麼我會帶著一條粉紅色小花的被單旅行──我就說那是毒品集團送我的禮物。

✳

我和新結識的女性朋友說起遇到監督的事，她們警告我：「那傢伙是變態，只要他一時興起，隨時可能會掏出槍來頂住你的腦袋。他曾經因為殺人，在牢裡蹲了 13 年。」

事實上，監督和我非常談得來。這個毒品集團的成員很快就變成我的另類家人，情況很荒謬，但也很有趣：集團裡每一個人真的彼此互相關懷，團結在一起。他們的勢力範圍裡也住著幾個失去家庭的未成年孩子，這個荒誕不經的命運共同體是他們的唯一依靠。毒品老大讓這些青少年加入，為他工作。比起在街頭單打獨鬥，他們的日子反而因此獲得改善。

此外，我也每天親眼見到，我的新朋友賣的毒品讓使用者變成什麼模樣。他們很快就變得跟殭屍相去不遠，像是快要死了，沒半點生氣，而且永遠無法從這個惡性循環裡脫身。我以前不明白，但至少現在懂了：吸毒會毀掉人生。

✳

「來呀，白人男孩，今晚帶你去城裡看熱鬧！」一天晚上有個女人說，要帶我去狂歡。

我沒打算喝醉，但我好幾個星期滴酒未沾，不免錯估了自己的實力，所以不是在真正情願下，上了一位美女的床。她與我同齡，有一半圭亞那與一半巴西的血統。金髮藍眼在拉丁美洲十分罕見，常讓人聯想到好萊塢明星，難怪她一開始就相中我。我不想傷害她，剛開始她想接近我時，我不但拒絕了，還很明白告訴

她，我不久就會離開巴蒂卡，她再也見不到我。她說，她不在乎。這天晚上就順其自然了。典型的一夜情，我想。

隔天夜裡我突然醒來，睡意朦朧中，我看見頭上有一對眨來眨去的褐色眼睛，我試著在黑暗中理出頭緒。

「我好愛你！」

不是有毒癮的人……難道是昨晚的女孩？她怎麼知道我睡在這裡？

「我好愛你！我要和你在一起！我要跟你走！」

哎呀，這可麻煩了。儘管我已經澄清過我的態度。「我陪妳回家，我們路上談。」

我覺得糟透了。以我的經驗，恐怕還不足以下這個結論：天底下沒有保證無後果的性行為。傷害別人的機率往往太高，傷害自己、別人、吃醋的伴侶、父親或母親、名聲……當然有很多種情況都可以想像得出來，但會不會發生，就是不可能事前會知道啊！我再也不要自我中心了，只因為我無法控制自己而傷了別人。因此我決定，這種事情應該一生只與一**個人**分享。且從這時候開始，除非找到這個人，否則不輕舉妄動。

✳

我終於在前往金礦區的路上。清晨四點左右，我等待著城裡人告訴我的一輛軍用卡車到來。那位友善的駕駛讓我上車。

我坐在油膩的柴油桶上，車子無休無止地行駛超過 18 個小時。黏稠的燃料很快就滲進我的長褲，傷到我的臀部。第一道陽光帶來了溫暖，還讓我看見瀰漫神祕霧氣的雨林，景色簡直是無價。我們經過有些滿是泥漿的洞穴和小溪，深度竟然比游泳池遊玩區還要深。我一再跳上陡峭滑溜的斜坡，幫駕駛把絞盤上的鋼索硬綁到大樹上。這樣才能幫助卡車爬上艱阻難行的路段。

晚上我們終於抵達一個巴西的採礦營地。我覺得我大概好幾個星期都沒辦法坐下來了，而且全身髒兮兮，滿身大汗又很餓，因為我一整天都沒進食。雖然巴西人只會說葡萄牙語，但都非常好客。他們帶我去一個接了雨水的桶子那裡洗澡，又帶我去一間棚屋，我可以在那下面掛吊床。此外，他們警告我，天黑後不可以沒帶手電筒到處走動。

第二天早上，我在離臥鋪大約 3 公尺的一根樹幹上發現一條蛇，難怪他們要警告我了。

「被蛇咬一口，兩小時之內你就離開塵世了。我們有一具尋求空援的無線電，但別以為救援會在你一息尚存的時候趕到。」一名男人讓我清醒過來，他拿了一根長棍打爛蛇的頭。那條灰褐色條紋蛇僅有手臂那麼長。「你最好穿上橡膠長靴，幾乎所有的蛇都會咬腳踝，橡膠會讓牠們滑下來。假如還是被蛇咬了，保持冷靜，注意傷口的外觀，不要讓脈搏跳得太快，這會提高你的存活機會。」

第二天早上我去找工作，經過由於長年開採而變

成荒蕪的礦區。這裡不像傳統的採礦有坑道，而是用消防隊的橡皮管沖刷山丘，把爛泥沖過一個地毯狀的東西，比爛泥和石頭還重的金子就會沉澱下來。用這種方式處理土壤，昔日繁花似錦之地淪為褐色的湖水和一堆又一堆的紅土，倒下的樹和樹幹混在土堆中。想讓大自然從這種踩躪中回復一半原貌，恐怕要天長地久。

我很幸運，一個頭上好多鬈曲髮辮的友善男人同意雇用我一星期。我分配到礦工住的棚屋裡一個掛蚊帳的床位，一日三餐由一位廚師負責。這裡的人只有在耶誕節和星期天下午才休息。

我和幾個同事一起上工，任務是用高壓噴水車讓黏土似的土堆液化，並且把抽水機能夠攔下的樹枝與較大塊的石頭清理到旁邊。其他幾個人操作所謂的**壓碎機**，用沉甸甸的鐵鎚敲碎岩石塊，再從碎石中洗出裡面含的金子。

※

「下一個！」老闆發出指令。兩個男人正拿著兩張綠色塑膠地毯，舉起來放到附近一個較高的木製斜坡，然後打開地毯。木板上的爛泥被和緩的水流慢慢往下帶，直到一根橫擋的地方被攔住。兩個經驗豐富的工人在那裡把爛泥撥到旁邊滿溢的水中，並且不斷把水中的沉積物撈上來。

坐在斜坡上面的監督從口袋裡拿出一小瓶水銀，加一丁點這種液態重金屬進去爛泥裡攪拌，水銀像小珠子隨著水流往下跑。被往上推的東西邊緣漸漸形成一圈銀邊，東西很重，工

人無法再拿在手中，用流過來的水沖洗。這就是用水銀凝固起來的金子。

等到所有地毯都清空了，金子會用湯匙裝入一個塑膠容器內，再由監督騎越野車送到營區。他會在營區仔細清洗金子，用燃燒爐蒸掉上頭的水銀，最後藉助某種酸，讓純金閃閃發亮。到了晚上，我們工人會依照秤重結果得到報酬。

淘金的利益高得令人咋舌，所以我們的薪水很幸運的比一般人高出兩倍。我分到整整 13 英錢（約 20 克黃金），遠多於我的期望。

2014 年 6 月

滿意，但是我被淤泥感染，一根腳趾疼得要命，臀部還有幾個傷口仍在化膿。我在尋找機會搭便車回委內瑞拉。一群私運柴油的委內瑞拉年輕人擔保，他們弄到了 100 桶柴油，若是用剩下的 40 桶換到金子，我就能和他們一起走。柴油在這裡的需求很大，才過了一天半，我們就搭乘長形金屬船，裝載如今空空如也的藍色硬塑膠桶啟航了。

「你在這裡幹嘛？」一個瘦削、短髮，太陽眼鏡推到頭上的圭亞那男人，在臨時搭起的跳板上某處隨口問起。他腳上穿一雙愛迪達球鞋，白色襪子拉高到小腿，足足有一隻手那麼長，肩上掛著一個黑色運動袋。

「我在找一艘船去委內瑞拉。」

陌生人點點頭。他雖然是圭亞那人，實際上居住和工作都在紐約，擔任貴金屬買賣的顧問。「去黃金國，不太好啊。」他勸我取消計畫，繼續沿河而上。「你要是願意，可以和我一起去楷康（Kaikan），那個地方更南邊，比較接近你下一個目的地羅賴馬（Roraima），那裡有補給直昇機，可以送你到委內瑞拉。」

我沒有地圖,但直升機聽起來很吸引人。「好哇,什麼時候出發?」

「現在。」他指了指一艘呼嘯而來的快艇。

花了一小時,轉了幾個河灣之後,我們在一座大型深紅色鋼製浮橋邊停靠。紐約顧問的工人在岸邊用一具挖土機尋找黃金,這時正在裝載這台很重的機器,運用它有力的液壓手臂把自己搬上浮橋。我們打開一張遮陽兼擋雨的帆布篷,在傘下掛起吊床,接下來的 24 小時就看著這艘馬達船把我們慢慢帶到上游。岸邊時不時能觀察到短吻鱷和別種動物,有一次我看到一條十分巨大的蟒蛇,一時之間還以為眼花了。那些工人向我保證,這種數公尺長、像路燈柱一樣粗的巨蟒,在這裡不算罕見。

上午我們來到阿勞山(Arau)的山腳下。買賣顧問、一位工人還有我,爬上一個熱帶草地的高原,那裡有個原住民的村落。從高原上不僅可以眺望雨林,上面的風景也美得令人屏息。顧問顯然對風景無感,因為他在這裡下了賭注:這裡的人用最簡單的鏟子和鐵鍬,就已經能賺取很好的利益,而他投資了一百多萬美元,把挖土機運到蘊藏黃金的楷康。他要靠他的挖土機賺更多錢!此外,他還想開一條馬路,用來運送貨物給其他淘金客的主要供應商。

村裡的住戶擋了他的路,他們不希望搬走。「淘金熱會帶來犯罪、酗酒和妓女,我們不希望這裡有這種事。不消數年,你們會毀了我們的土地,我們還得在這個荒蕪的地方生活下去,你

們已經不見人影。」

　　雖然這讓我想起美國尚未開發前的西部，以及當時對待印第安人的方式，但是相較於以前美國的原住民，圭亞那的土著擁有許多權力。因此，他們很有機會讓這位多金紐約投資者的計畫擱淺。

　　一位友善的村民與我短暫談話後，對我發出邀請：「明天是父親節，多待一會兒。」

　　於是我在某種意義上轉換陣營。一開始有幾位村民懷疑我，以為我是顧問派來的間諜。儘管我關注這件事，追蹤了事件發展，但始終不知道衝突是否解決了。

　　這裡的村民除了母語阿雷瓜那語（Areguna）之外，還會說英語、西班牙語，甚至一些葡萄牙語，因為他們的活動範圍很廣，一出門就要花上好幾天來回；發現這件事，讓我不禁對他們肅然起敬。

　　他們住的茅屋很簡單，用木頭和樹枝蓋的，地上鋪著沙子。村子中央有一座木造的白漆教堂，是一位美國傳教士在 70 年前建造的，我就是在教堂裡與村裡的父親們一起享用了節慶的餐點。

　　有兩樣食物很新奇：馬鈴薯榨出來的紅色果汁，以及加了煮過香蕉的麥片粥。此外還有不可或缺的木薯粉，百搭的乾木薯球。我一開始一點都不覺得這些東西美味，但後來，它們變成我最想念的食物。

　　其實我尚未為人父，他們的反應很友善：「你想必有朝一日要當爸爸的，你難道不想嗎？」他們殷勤地在我半滿的盤子上堆滿食物，都堆到盤邊上了。

　　接下來幾天，我送了孩童們一些繩子，教他們打水手結，也幫著大人們找金子，回報他們的盛情款待。

✳

為因應顧問提出的計畫，管理幾個鄰近村落的酋長也來參加村子集會。他在返家途中會經過聖胡安（St. Juan），直升機偶爾會停在那裡。所以我請求他，允許我同行。

　　這位酋長約莫 50 多歲，從頭到腳都穿戴著偽裝，還貼上達利的招牌鬍子。雖然他不再年輕力壯，還是能扛一把大砍刀和一個裝了 8 公升柴油的方桶子，穿越多山地帶依然行動敏捷。我背了 35 公斤重的背包，得拚了命走才跟得上。

　　走了一陣子，我發覺我確實有困難，於是喘著氣問：「我們趕時間嗎？」

　　「趕呀！」他一邊解釋，一邊指著前方那座山上的烏雲，「我們得要渡過一條河，河水會因為下雨暴漲，一整天都不可能渡河了。所以，繼續走吧！」

　　我咬緊牙關，加快腳步跟著酋長。我很清楚我無法長時間保持這樣的速度，但我也不希望拖累酋長，害他無法及時趕到河邊。他先走，我單獨留在荒野中迷失方向 —— 這可不是我的選項。於是我使上了洪荒之力，速度已瀕臨身體的極限，但是我確確實實毫不鬆懈地走了兩個半小時，走完 16 公里的路，背著 35 公斤跋山涉水。

　　等我們抵達要搭船前往聖胡安的河邊時，我蹲下來，像駱駝一樣把頭埋進水中。清澈的河水雖然被植物染成深色，但是喝起來新鮮無比，滋潤我乾渴的喉嚨，甚至勝過一瓶冰涼的汽水十倍！

❉

　　到了聖胡安，我找到了當地的長老，向他打聽直升機的事。他給了我滿滿的希望：「駕駛運送燃料、食物和其他貨物來這裡，回程時偶爾會載人。」

「他什麼時候來呢？」

「他其實已經晚了。把你的東西整理好，他一來，停留時間不會超過幾分鐘。」這是他的建議。

我無時無刻不處於準備好的狀態，但是一天過了一天，始終不見直升機到來。我幫當地人做不同的工作，和他們聊了很多，此外也利用等待時間做些別的事：出發時，我帶了一本袖珍聖經，打算路上徹底讀一遍。我很想知道，為什麼聖經是世界上擁有最多讀者的書，想知道書中到底有什麼內容，為什麼人們會認為聖經屬於普通教育的一部分。為什麼有名的思想家，例如康德，認為聖經「蘊含比所有哲學著作更清晰、更深刻的真理」？

我開始讀聖經。先讀新約，因為好像比較好懂。但是，不是康德的哲理表達得不夠清楚，就是我的理解力仍舊不足，因為我沒找到深刻的真理，卻在幾則至理名言與矛盾之外找出好多問題，我把問題一一記下來。

9天後，在早晨下起的一陣小雨的滴答聲中，終於出現了旋翼的噪音。

「這是……？」

「沒錯，是直升機，快點！」一個邀請我吃早餐的哥倫比亞人催促我。過去幾天我幫他找金子，我們匆匆相互擁抱，然後我冒雨跑到直升機降落的地方。

雖然下著雨，原始叢林看起來仍美得不可置信！螺旋槳的噪音蓋過了我興奮的「哇」和「哦」

呼喊，過了大概 20 分鐘後，我們在委內瑞拉的一座小村莊內降落。

飛機駕駛警告我，「小心，這地方的人很危險。」

即使聽到這句話，我臉上仍然掛著大大的笑容。搭乘直升機飛越這麼美麗的地區，簡直太讚了啊！

此外，這段期間以來，我對這類警告已經免疫了，因為每一個我去過的地方，都有人告訴我，下一座城市「相當危險」。在委內瑞拉時，有人警告我千萬不能去巴西；因為我想去玻利維亞，巴西人就嚇得驚呆了；玻利維亞人堅信，只有活得不耐煩的人才會自願去祕魯。事實上，我在旅途中從未受過嚴重的威脅，被洗劫一空或是遭到攻擊，一次都沒有。

❋

「把你長褲口袋裡的東西統統放到桌上，外國佬！」國民警衛隊的檢查員在一個小房間裡對我大聲咆哮。

我在委內瑞拉境內。和之前一樣，因為車資便宜又可靠而搭公車。我正前往靠近巴西邊境的一座小城聖埃倫娜德瓦伊倫（Santa Elena de Uairén），檢查員把我從車上拉下來，帶進狹小的值勤室。

那位警察對其他東西一眼都不瞧，直接拿起我的錢包，數裡面的錢。「就這些，沒有別的？」

「我需要更多錢嗎？」我迴避了問題。對於這樣的風險，我可是有備而來，早就把較大面額的鈔票藏在縫進內褲的暗袋裡。

這位公務員一邊抱怨，一邊把我的護照翻過一遍，我的心臟都快跳出來了，因為我「搭直升機的便機」越過邊界，又在無人地帶降落，所以沒有經過委內瑞拉的邊境崗哨，所以簽證沒有蓋章。我迫不得已非法入境，萬一這位邊境崗哨心情欠佳，我的處境就堪憂了。

但是這位仁兄不知道是真的不知道該看哪一頁，還是他無所謂。總之，他簡單說一句：「好，就這樣！」很快就把我放行了。好運再一次降臨，我簡直不敢相信。

　　我在巴西的下一個階段目的地是羅賴馬，一座平頂山，著名的作家亞瑟‧柯南‧道爾（福爾摩斯這號人物為他所創）就是從這座山得到靈感，寫下《失落的世界》。幾千年了，這地方被世人遺忘，羅賴馬山的台地上發展出獨一無二的動植物世界。所有關於這座山的描述都讓人印象深刻，以至於我放棄了原本打算在巴西觀看世界盃足球賽決賽的想法。

　　我帶了好幾公斤麥片和扁豆前往羅賴馬。到了山前一個較大的地方帕萊特普伊（Parai-Tepui），我想找一位嚮導，並且在這裡與一位名叫菲力普的巴西年輕人結隊同行，他也想攀登羅賴馬。

　　為了要能在山上待三天，我們一口氣走完了兩天的路段。雨下個不停，雖然東西沒有被陣雨打濕，卻仍逃不過暴漲河流的水

勢。儘管困難重重，風景依然美得像夢幻一樣。

　　當我在一個小丘上眺望時，一頭食蟻獸從我身旁走過，相隔僅有幾公分。和這樣的動物靠得這麼近讓我興奮莫名，此外我覺得非常有趣的是，牠的頭看起來就跟尾巴一模一樣。

　　「今天是巴西對德國的比賽喔！」菲力普在我身後氣喘吁吁地說。

　　我轉身面對他，「你覺得誰會贏？」

　　「如果德國隊贏了，你休想下山！」他笑著回答。

　　「七比一，德國隊贏了。」一個迎面而來的隊伍回答了世界盃足球賽的結果。

　　菲力普和我大笑，「別這樣，認真一點，結果如何？」

　　「七比一，德國隊贏了。」他們又說了一次。

　　我窺看我的巴西朋友一眼，他張開嘴站在那裡，好像正在解一道複雜的數學題。我開玩笑地對著站在高處的他唱一句：「Always look on the bright side of life」，拍拍他的肩膀，鼓勵他。

✳

　　菲力普和嚮導帶的糧食都不太夠，幸好我那幾袋麥片可以補救他們。過去幾天我只吃了用當地味道濃郁的螞蟻醬料理的扁豆，但我們沒有鍋子，天候也不允許我們在戶外生火。我們每天三餐吃麥片，飯後吃菲力普帶的東西當點心，那東西略有鮪魚或沙丁魚味。至於飲水和水的補給，這裡都不缺。

　　雨下個不停，但我們隔天仍舊心情愉快繼續爬山。爬得越高，氣溫就越低。我們爬到一個稱為「斜坡」的地方，這段帶狀地勢長滿了植物，方便我們往上爬。我們穿過茂密的沼澤植物，還有從長滿青苔的樹上垂下來的發白植物。

　　才剛過中午，我們就已經越過山稜線爬上高原，太陽露了幾分鐘臉，好像在歡迎我們。景色脫俗出塵，好像踏上另外一顆星球的感覺！高原很原始，高高的岩石和深深的裂口形狀獨特，裂口內的小溪直通往藏在深谷後方的雲層。沼澤的青草和花朵託強烈日照之福，顏色暗沉且濃烈，有綠、黃、橘，紅與黑的變化。

　　四周悄無聲息。我們要去一個位於高處的洞穴，進洞裡躲雨，並且在那裡紮營。在前往洞穴的路上，我們只碰到幾隻小青蛙和蠍子。寒氣冷到了骨子裡，這天下午我們一邊暖身子，一邊等衣物變乾。

　　儘管天候不佳，菲力普和我依然走了很長一段路去羅賴馬山上巴西、圭亞那、委內瑞拉的三國交會點。這趟路沒有白走！

　　我們的視線被層層雨霧限縮在周圍 30 公尺內，但許多乍然驚現的小溪、凹穴、岩洞，還有閃閃發光的水晶群，太驚人了！我們都忘了，這一切要拜 2500 公尺的海拔高度所賜。

✳

在村民隊伍解散的時候，菲力普笑著對我說：「我有個小驚喜要給你……」

昨天晚上我們返回帕萊特普伊，才和15個印地安人圍著一架很小的映像管電視機，觀看了世足決賽。其他人一無例外都支持阿根廷隊，我可是大吼大叫為我的國家加油，幸好沒引起任何人反感。

「不！不！走開！」菲力普突然狂吼，衝過我身邊跑下土堆，趕走咬住他背包的狗。「多好的麵包啊！我悄悄去跟印地安人買來，要讓你開心的！」

他的背包上出現一個約莫一隻手掌大的破洞，但他不在意，邊罵邊撿起碎麵包。

我說：「總比什麼都沒有好。」我拿起水壺，沖洗掉動物的唾液。雖然木薯麵包沒什麼味道，但是我已經連續五天的三餐都只吃開水泡麥片了，再糊塗也不會想把它扔掉。

菲力普建議，「最好把麵包全弄溼，這樣我們就不知道狗碰過哪裡，哪裡沒遭殃。」不一會兒，我們就併肩坐在一起，啃著溼答答的餐點，討論接下來的路怎麼走。

菲力普打算搭便車去墨西哥；我的經驗給了他靈感，他想去那邊找一艘船橫越加勒比海。（三個月後，他果然如願。）我想啟程去亞馬遜，取道巴西東北轉入南方，以便在十月底前越過玻利維亞抵達祕魯。我和巴黎的沙發客威弗特一直保持聯繫，他希望在祕魯與我會合，一起旅行兩個半禮拜。

「你如果去聖保羅，可以住我家！」菲力普發出邀請，「我媽媽最愛做菜給客人吃。」

「那我說什麼也要去！」我笑了，把最後一口麵包塞進嘴巴，揉碎濕軟的麵包屑。

2014 年 8 月

瑪瑙斯（Nanaus）這裡的亞馬遜河跟我的想像完全不一樣。我在委內瑞拉和圭亞那看到原始雨林，這裡主要只有水。好豐沛的水，豐沛到經常看不見對岸，讓人以為自己在海邊呢。每當有一條不同顏色的河流與它交會，可以看到兩條河清楚的分界，就像水面上出現了一個裂口。

空氣悶得讓人窒息，要嘛穿長袖長褲，汗流浹背像在洗三溫暖，要不然就是被在沼澤中蓬勃生長的蚊子大軍叮得宛如「全身刺青」。謝天謝地，有人送我一頂粉紅色蚊帳，雖然和我吊床上的偽裝圖案搭不起來，我睡覺時還是會把二者組合起來，讓我免受折磨——總比綴小花的床單來得好。

我在南美洲有過許多次好玩的吃飯體驗，例如我第一次吃到犰狳和海牛，經常認識陌生、色彩繽紛、形狀各異的水果，之前未曾見過，之後也無緣再見和吃到。其中許多季節性水果製成了冰淇淋，讓人可以在產期結束後享用。我們地球的物資多到不可思議，而我連最淺顯的概念都沒有！

不只飲食方面，對於當地人的熱情款待，我在南美洲和巴西有十分特別的全新體驗。由於這裡受到的都市影響較強烈，因此這裡的人面對陌生人時，比我在鄉村裡接觸過的人稍微矜持了些，但是依舊溫暖親切，會立刻邀請陌生人回家作客。

「別走啊，年輕人，再留一會兒！」是我在巴西頻頻聽到的一句話，款待過我的主人都用這句話說服我，多待一星期，然後再

一星期，又一星期，直到我在那裡整整待了一個月，而我原本只想停留三天而已。

巴西北方人與人交往向來充分信任，不拘小節，而我也想要學習這種好客文化。我們德國人舉凡遇到外來人，態度都傾向猜疑和克制。但是我在南美洲終於明白了一件事，這件事在往後的旅程中不斷獲得證實：世界上絕大多數的人都很友善，只想好好過日子。世上當然也有壞蛋，但是壞蛋很明顯是少數。

遇見陌生人時若是態度極力排拒，就很可能會錯過一個和善的人，這比碰上一個惡劣的傢伙，受他負面影響的機會要大上許多。

這當然不是讓行為變輕率的理由。我很少碰到讓我覺得怪里怪氣的人。如果碰到了，我會先和這個人聊上一會兒，然後藉幾個問題確認自己的感覺，這個人是不是居心巨測。

有一次在大街上，一個陌生人問我：「你是哪裡人？」我正關上身後一間藥房的門，我買了一罐備用的防蚊噴液，因為瘧疾類型有五種，瘧疾藥物每次只能預防一種。蚊帳、長袖衣褲和防蚊噴液有效多了。若沒被叮到，就沒什麼好擔心的。

這個陌生人的問題聽起來頗有「我想賣東西給你」的前奏，我仍然和他聊了起來。

「哦，德國，我有個朋友就是德國人，」他說，遞給我一根菸。

「哦，德國哪裡？」

「嗯……首都……」

「法蘭克福？」我考考他。

「對，法蘭克福！」

「他叫什麼名字？」

「他的名字嘛……」他苦苦思索，我已心知肚明，這套「我有一個從你國家來的朋友」就是很不高明的詐騙。

「這裡很危險，你得小心別被洗劫一空。」他轉移話題。

當下我心裡亮起黃色警示燈。這是他第二次試圖讓我對他產生信賴。還缺一樣，他要表現得虔誠，符合所有循規蹈矩的標準。

「我帶你去我姊姊家，你可以住在她家，我們帶你到處逛逛，照顧你。」

警示燈從黃轉紅。他催促我跟他走，再三強調，他是為了我的安全著想。但我不信任他，「你姊姊住在哪裡？」

「過一條街就到了，走吧。」

我再度拒絕，他變得更纏人，更咄咄逼人。最後他抓住我的手臂，想拉我過去。我保持禮貌，但提高嗓門說話，直到他放開我並逃之夭夭。

2014 年 9 月

我聽從一個當地人的建議，去瞧瞧著名的熱里科阿科阿拉（Jericoacoara）海灘。那裡降雨稀少，不是我想像中的椰子棕櫚海灘天堂。它獨一無二的景觀在海灘周圍，排列著如夢似幻的潟湖，湖中棲息著小海馬、河豚，潟湖後方是著名的移動沙丘，人們可以從上面用滑雪板向下衝沙數百公尺。我從那裡搭便車，花了六天時間沿著東海岸往下到里約熱內盧。一天清晨，我抵達了入城的路口。

我在圭亞那金礦區度過一段漫長、與世隔絕的日

子，我母親在這段期間第二次陷入焦慮，擔心再也無法見到活生生的我。憂心忡忡的她給一位巴西友人一個衛星導航追蹤器，讓他帶去里約熱內盧。我去取了這個 GPS 和一雙襪子，我的家人從此可以透過衛星知道我究竟過得好不好，是不是需要幫忙。

　　大部分的人透過電視認識里約熱內盧，只見到這座城位於海灣入口的部分。事實上這是個人口稠密的州，面積相當於德國下薩克森。這個州絕大部分是貧民窟，搖搖欲墜的小屋內多半有電視、冰箱、爐灶，甚至冷氣，而且還不算少見。19 世紀獲釋的奴隸在這個不適合居住的陡坡住下來，陸續蓋起第一批貧民窟。

　　德國國家足球隊因為世界盃承攬了一些社會計畫，留給當地人好印象，加上巴西人和阿根廷人互相看不順眼，就跟德國杜賽道夫人和科隆人一樣；巴西隊輸了，到處有人告訴我，他們一無例外支持德國隊。

　　晚上我到了停留里約期間借住的合租公寓，我立刻打聽自我孩提時期起便朝思暮想、親自看一看的城市景點。海景彌足珍貴，許多小小的上坡階梯和巷弄，入夜後，左鄰右舍充盈著音樂、舞蹈、葡萄酒和啤酒，還有物美價廉，極受歡迎的 51 甘蔗蘭姆酒，噴發出飽滿的生命力。

雖然很早就出發，但是我在通往聖保羅的 116 號快速道路上的一個加油站足足等了 10 個鐘頭，才有一輛卡車把我載到下一座大城市。如果我才剛踏出家門，這種情況會把我搞得筋疲力盡，但是這段期間以來我已培養出耐性，而且很有把握，**總會有車子載我**。果然應驗了。

到了聖保羅，與我結伴前往羅賴馬的菲力普的家人果真接待了我。菲力普擔心：「我的家人一定會把你當成我看待！」這句話只有部分屬實，至少我接收了他在廚房餐桌的座位。至於他的媽媽熱愛烹飪，菲力普百分之百正確，連我的「無底胃」都吃不消，只能無條件投降！

儲備了一大堆糧食後，我終於展開搭便車旅行途中最長一段的路。威弗特將在 11 天後與我在祕魯會合，和他會合前，我得先從聖保羅前往庫斯科（Cuzco），兩地相距整整 3700 公里。差不多等於地球圓周的十分之一，也等於從這裡到德國的三分之一路程。

我在那裡收到不太好的消息，我必須即刻啟程回家，大大破壞了我不搭飛機環遊世界的計畫。我離家的這段時間，家人賣掉了我從小住到大的房子，遷往另一個地方。光是這一點就讓我難過，因為我在那裡面住了一輩子。對我來說，這間屋子與「故鄉」的概念是不可分的，當我想到「回家」，眼前浮現的必定是它。

與德國連結的最後一條韌帶切斷了，現在問題出乎意料嚴重，因為我也必須申報居住地變更。根據法律顧問的說法，只能我本人親自辦理，父母被告知，我不能因出門旅行而授權委託他人代表。倘若我置之不理，將被處以高額罰鍰，況且限期辦理的時間已經快到了。無論如何還有點時間，我決定到抵達祕魯後再來解決。

✳

　　距離在祕魯會合還有九天。「你可以在我家淋浴。」開小汽車把我載到邊境附近的車主對我說。我打量自己，我何只需要淋浴而已！在我面前的人衣冠楚楚，穿了一件天藍色馬球衫，吊兒郎當地看著我，我幾乎能讀出他心中的想法。

　　「還可以啦，謝謝！」

　　「你確定？我的浴室還有別的設備……」在我能說點什麼之前，他的手伸過來，一下子抓住我。

　　「喂！」我把他的手擋了回去，差不多與他的手抓住我的速度一樣快。我可不是第一次在巴西碰到這種事，要是以前，遇上這種無恥的攻擊，我早就毫不猶豫立刻給他一拳了。但是這段期間以來我反覆思索信仰的問題，我很確定，他所傳遞的訊息並不是愛人如己。所以，我找到恰當的時機禮貌地告別，下車，尋找下一輛車。

✳

　　「歡迎來到玻利維亞」，街上一個大大的藍色招牌和我打招呼，掛在不及一百公尺外的人行道上的兩棵樹的樹蔭下，我依照慣例，靠一碗麥片和水恢復體力。這裡人的長相與巴西人完全不同，**很像瓦勞人**，我覺得。這並不稀奇，因為百分之六十以上的玻利維亞人有原住民血統。我注意到四周走動的人中，很多人兩腮腫脹，我油然地心生同情，玻利維亞的牙醫想必糟透了！

　　我要找一個許多司機休息的地方，通常南美洲的兩地距離都挺遠，遠到當地人短程搭遊覽車，長程搭飛機，但很少人自己開車。鐵路路線非常少，所以物流幾乎全靠卡車。想在南美洲搭便車，卡車不啻為最佳途徑。

卡車要等到晚上才會抵達，於是我試著打個盹，才比較好度過一天中最炎熱的時刻。我正躺在吊床上打起瞌睡，一輛12公尺長的大貨車因為要換駕駛而直接停在我旁邊。我利用機會，問車裡的兩個人有沒有可能載我去聖塔克魯茲（Santa Cruz），他們同意了。於是我和兩人中一位40來歲、名喚保羅的巴西人，展開700多公里的車程。他車上裝著別人搬家的全部家當，接受另一位駕駛委託代班。

　　車子駛過的地方人煙稀少，長滿了灌木叢，偶爾可以見到隆起的岩石台地。

　　「這裡是古柯鹼的種植場。」保羅說著，用手指有綠色灌木叢保護的田地。即使這種植物與葉子在這個國家完全合法，但仍然禁止交易提煉出來的古柯鹼，原因在於貪污很難控制。儘管如此，便宜的毒品幾乎讓這裡成為巴西吸毒者的朝聖國度，飽受毒癮之苦的人到處吼叫、神智不清，也成為日常可見的一景。

　　古柯鹼種植場以外是非常平坦單調的草原景色，要穿過這裡要開好幾小時。街邊豎立著為國營黃豆與肥料做廣告的巨大招牌。感覺車子好像開了一輩子，我們終於在一個加油站停車了。就在這個地方，我有了一次值得紀念的邂逅。

　　一個白皮膚年輕人坐在一堵矮牆上，貌似在等人。他穿著一條灰色長褲，紅白相間的格子襯衫，長褲吊帶上有漢堡體育協會字樣。我看他時忍不住眨了好幾次眼，怎麼有身處在北德某個村莊的感覺，尤其是他用我熟悉的低地德語「Moin, moin!」和我打招呼，使得情況更顯得奇

異。這個方言已經快要消失了，他的口音聽起來跟我們所使用的略微不同。他告訴我，他的祖父母於第二次大戰時與其他農場主一起去了墨西哥，再從那裡移民到玻利維亞，在農村殖民地維持著原來的傳統。他們繼續穿戴北德式的服裝，大部分只與自己人通婚，出門駕馬車，甚至認為農舍建築保有德國特色是一件很重要的事。他們讓我聯想到阿米什人，但是這個年輕人告訴我，他們所堅守的與宗教無關。但我想，他的村人可能與門諾會信徒有關。很難相信，今天在南美洲還存在著保留北德風土民情的城市，讓我驚訝的是，他們有些地方甚至比我更像北德人。他們穿典型的北德服裝，低地德語也說的更道地，只是住在別的國家，離堤岸、燈塔和淺灘很遠很遠。啊，北德，有一天我會再見到你。

✳

距離目的地還有幾百公里，我們決定停下來睡一覺，然後一大清早四、五點左右，天色仍暗時再上路。不知為何，車前燈越來越微弱，弱到我們不得不在路邊停下來等待黎明。

保羅想要發動車子時，車子動也不動。「邪門！『車況好得很，你只要坐上駕駛座，踩油門就行了！』」保羅模仿把這份差事交給他的同事說話。

我們招手請一輛卡車過來，那位司機幫我們連接上他的電池，我

們愉快地又開了一刻鐘，在路邊臨檢的一位警察把我們攔下來。「都還好嗎？」他看了一下我們的證件，神色輕鬆地往車窗裡看。「70 玻利維亞諾（換算後相當於 9 歐元）。」

我心想，**他真是個好人，不拐彎抹腳就說出賄賂的價碼**，想當然，他一看有外國人順勢提高了價格。在什麼都比較貴的巴西，20 雷亞爾（相當於 7 歐元）就能買通交通警察，都還比他要求的便宜呢。

我們付了錢，保羅發動引擎，但馬達奄奄一息。我們被迫再枯等了半小時，直到一輛滿載扁鉗的重型卡車出現，幫我們發動車子。

不過又開了 30 公里，在一個公車停靠站又有一齣惡作劇上演，幸好附近有一輛挖土機伸出援手。又有一位警察要臨檢，保羅咬牙切齒，語氣嘲諷地說：「反正我們沒有趕著赴約。」

「……嗯，急救箱在哪裡？」

我們沒找到急救箱。

「跟我來。」這個玻利維亞警察很威風地把我們帶到值班室，我察覺到躲在我後面的保羅正在褲子口袋裡摸了又摸。「嚴重違反了交通規則，罰鍰 2000 玻利維亞諾還算我心軟呢！」

「兩千塊？」保羅悲嘆一聲，他解釋，他只是幫一個生病的人代班而已，也提到有別的警察路檢過，說起電瓶出問題的時候眼睛都含淚了。「他們付的工錢剛好只夠我吃頓午飯。」

「那個人呢，幹什麼的？」警察粗聲粗氣指著我。

我幾根手指伸進上衣的破洞裡做為回答。

「他在街頭睡覺，您不能指望他，」保羅替我說情，「我的錢只夠我倆吃中飯……」

詭計得逞。我們面前的這個人拿起保羅的皮夾，將裡頭的錢據為己有，然後在一張紙上塗塗寫寫，放了我們，想當然耳既無收據，也沒有單子。

「如果你想吃麥片，我……」

「留著你的食物吧，」上車時，保羅打斷我。他在後褲袋裡掏了掏，把掏出來的一張鈔票放回皮夾裡，先前悲傷的神情蕩然無存。**滑頭的傢伙！**

※

熬過長時間的策略性交通管制後，我們總算抵達了目的地聖塔克魯茲。

來接我們的人抱怨，「怎麼這麼久才到？」這個巴西人年近40，看起來十分陰柔。

「一言難盡，」保羅嘆了一口氣，「在哪裡卸貨？」

「把東西送到我家！你的公司和我簽約保證你會……」

「別急別急，我來安排。」保羅抽出他的手機並走開，去打電話。

這個餘怒未消的巴西人一邊等，一邊與我打情罵俏起來。即使我沒法幫上忙，仍然很努力保持禮貌，盡量表現得很友善。

「我和老闆說了，他會親自過來，明天早上把一切打點好。」保羅轉向我，「你可以幫忙看車子嗎？我必須在 12 小時內回巴西上班。」

「當然可以，」我看管鑰匙和卡車，在踏板與一盞路燈之間搭起我的吊床，好不愜意。一旁是一堵漆成紅色的高牆，屬於私人住宅區，保全站崗的入口離我只有 50 公尺。值班的男人帶了一個裝了綠色葉子的塑膠袋，不時塞一些綠葉到嘴裡，於是腮幫子越來越大，挺驚人的。原來這裡的人根本沒有牙疼的問題！

「那是什麼葉子？」我問這個典型黑色直髮的玻利維亞人。

「古柯鹼葉，」他含糊地說，小指頭上的白色粉末抹在嘴巴裡那團綠色東西上。「泡打粉把古柯鹼吸出來，讓人神智清醒，心情

愉悅。少了泡打粉或其他催化劑就不行。但是年紀大的人會直接吃葉子治療胃痛。」

後來我聽說，古柯鹼也能預防高山症，對牙齒很好，有許多正面效果而且沒有副作用，這就讓人起疑了。最早印加文明的祭司因為宗教目的使用古柯鹼，到今天，它在祕魯和玻利維亞的薩滿教儀式中仍占有重要地位。我們在節慶市集上算塔羅牌，這裡的人會用古柯鹼葉算命。還有像是 Salla Huaska 這樣的古老儀式，加上從仙人掌提煉出來的精神活性物質，觀光客可以來一場非法的「有機迷幻體驗」；古柯茶在青年旅館裡可是炙手可熱的暢銷貨，沒有人對這種茶起半點疑心。

我又聽說，古柯這種植物之所以能融入日常生活，是因為殖民者發現，若奴隸咀嚼古柯葉，不但精神體力變好了，也比較少抱怨。總之，這是殖民時期的快樂丸！

✳

已經過三天了，預告會出現的人還沒出現，我決定不管卡車了，繼續我的行程。

這批家當的收取人和保險業務員都不願意來拿卡車鑰匙，我只好在紙上用葡萄牙文寫下訊息，然後貼在車內的玻璃上。紙上寫著鑰匙就在**卡車出問題的地方**。我希望玻利維亞會說西班牙語的人沒有那麼聰明，能破解我故意迂迴寫下的句子；另一方面，負責此事的巴西人要夠機靈，才猜得出我把鑰匙藏在壞掉的電池下面。

當我背起背包，鎖上卡車的門時，我其實並不放心。這輛卡車最後怎麼了，後來我也不知道了。

聖塔克魯茲城外，我搭上從阿根廷布宜諾斯艾利斯開來的巴士，前往玻利維亞的科洽班巴（Cochabamba）。幾小時後，車子開始爬坡，灰塵滿天的草原轉變為熱帶森林。我們慢慢地沿著曲折難行的髮夾彎上山，不一會兒就向雲霧瀰漫、多雨的安地斯山脈前進，山頂多岩石，景物稀薄，長滿短草與針葉樹。這景象讓我覺得神奇，無法從車窗移開視線。

從科洽班巴繼續駛向拉巴斯（La Paz）。當我們到達時，天空剛好由黑轉為介於藍綠之間的鋼青色。我幫忙一位穿羊毛衣飾的婦女，合力將她笨重的白色塑膠布旅行袋從行李架上搬下來。她編了黑色油條辮的腦袋瓜上戴一頂小高帽，這是此地婦女的身分象徵，稱為 Chola。帽子越高，材質越精美越好。鄉間婦女流行戴的叫做 Cholita（小 Chola）的帽子。但是在穿戴西方現代款式的城市人眼中，這個稱呼含有貶意，表示此人品味不佳。

這位婦人寬大的裙下露出穿著扣環黑鞋腳上的長襪，她微笑致謝，幾顆金牙閃閃發光。我背起背包，巴士開走後，我尋找前往祕魯邊境的出口。

尚未來得及留意，我的呼吸已加快，我淺淺吸進高原上冷冽、帶有石頭與煙霧氣息的空氣。拉巴斯位於 4300 公尺的高山

上，是世界上最高的首都。然而玻利維亞的大部分政府機構位於蘇克雷（Sucre），此城也想取代拉巴斯成為首都。

拉巴斯的老城區坐落於盆地上，現代化的大城區則位於較高的盆地邊緣，稱為 Alto，也就是「高」的意思。那些五彩繽紛、樣式另類的房屋讓我驚訝，幾乎是電影《星際大戰》場景與 1970 年代建築風格的綜合。我以前確實沒見過這樣的房子，玻利維亞果然獨一無二！這種造型奇特的房屋多半用做貨物交易，屋主喜歡在平坦屋頂上加蓋一間與附近風貌格格不入的西式房子。

✳

從拉巴斯繼續往下走，前往祕魯。車子駛過許多用人力耕作的田地，農夫在田裡種了馬鈴薯、玉米和藜麥，後者是一種營養成分很高的穀類。西班牙征服者視之為「窮人的食物」，拿來餵食家畜，因此幾十年來當地人拒絕將它當作主食。現在藜麥在歐洲卻有了「健康食物」的美名。

的的喀喀湖靜靜地躺在右邊，而在天際線那裡，皚皚白雪覆蓋的山巔閃爍著光芒。馬路一片泥濘，沒有人遵守交通規則。先踩煞車的人可以優先行駛，可是此地人通常在兩車只差幾公分就要撞上的瞬間才會煞車。此地把有頂棚的三輪摩托車或腳踏車用

作計程車，就像我後來在泰國看到的嘟嘟車。這裡的人和玻利維亞人長得很像，雖然本地婦女不戴高高的帽子，但都披上條紋斑斕的披肩，叫做 Aguallos，她們用披肩裝採買的東西，也用來當背小孩的背袋。

　　清晨時分，我坐上一輛卡車，穿過美得令人屏息的祕魯風光，直到 100 公里外的庫斯科。一開始土地貧瘠但很遼闊，沒有樹木，美洲駝與羊駝在草原上吃草。小村莊的房屋牆上與圍牆上有政黨的宣傳彩繪，偶爾還看得到很大的窯爐，是村民製作磚頭的地方。

　　我及時趕到庫斯科與威弗特會合，從現在起，他將和我一起旅行兩個半星期。

　　庫斯科是一個受歡迎的起點，觀光客可以從這裡出發，前往印加古城馬丘比丘。我倆當然也想如法炮製，但我還有一樁任務有待完成：我在瑪瑙斯結識了一位巴西的街頭藝術家。當時我告訴她我計畫旅行的路線，她說：「我有一位老朋友住在庫斯科，他叫莫兒，我已經好多年沒看過他了！等你到了，拜託幫我問候一聲。」我答應過她，要把這句問候帶到。

　　但有個小問題，庫斯科大約有 35 萬居民，而我只知道這個人的名字叫莫兒。但我既然答應她了，而且我也承認，這種尋人挑

戰挺吸引我。不借助社群媒體有沒有可能找到人呢？我想弄清楚。

　　也許這位老兄像我認識的那名年輕女子一樣，也是街頭藝術家或嬉皮，這倒是一條線索。威弗特和我把行李寄放在武器廣場（Plaza de Armas，南美洲每一座中央廣場幾乎都叫這個名字）的旅客服務處，然後前往聖布拉斯（San Blas），這座城的另一個城區。我在那裡到處打聽，碰到貌似對這一區很熟的人就開口詢問。

　　「你說的人是不是戈爾柏？養了兩條哈士奇的那個？」一個做手工藝的人說。

　　嗯，至少聽起來有點眉目了，我心想。每個人的口音不同，有人偶爾 B 和 W 不分，而我也可能聽錯了 G 或 W。「可能唷，我在那裡可以找到他？」

　　「他住在薩克塞華曼（Sacsayhuaman）的廢墟那裡，經常下山去『百香果』店上班，你傍晚去那家店找找看。」

　　我真的去碰運氣了。這家店裡瀰漫著薰燭味，隨意放著幾個

非洲鼓和一個迪吉里杜管，牆上掛著鮮豔的 T-Shirts 和褲子，矮桌上擺著用骨頭與半寶石製作的首飾。我真的遇見了那個戈爾柏，速度之快超過我的想像，原來他是個年輕的空中飛人。我轉告了他老友的問候。

「嗨，謝謝！好高興啊！」戈爾柏邊說邊朝我眨眼睛，「你是個信差（Chaski），對嗎？」

「信差？」

「印加人這樣稱呼送信息的人，靠兩條腿走遍全國，和你一樣；他們也背類似的背包！」

我挺喜歡這種說法。

除了遊覽馬丘比丘之外，我們還計畫攀登 6000 公尺高的死火山查查尼峰（Chachani）。這樣高度的山上空氣冰冷，含氧量低，每一個動作都比平常辛苦五倍。然而，當我們抵達圓圓的山頂，腳下的土地朝地平線敞開，這個奇異時刻讓人終生難忘。

　　共遊的時光接近尾聲，威弗特搭飛機回歐洲，我在世界上最大的鹽湖，位於玻利維亞的烏尤尼（Uyuni）當了一陣子導遊。這裡有奇大無比的仙人掌、紅鶴、冒泡的間歇泉和羊駝寶寶，許許多多令人驚奇的東西。

　　耶誕節到來的前幾天，我出發前往阿根廷北方的薩爾塔（Salta），要在那裡和威弗特的朋友一起過節。

2014 年 12 月

　　大貨車駕駛踩了煞車，我們在隆隆聲中停下來。他往滿是灰塵的側窗看了一眼，「阿托查（Atocha），我們到了。」

　　已經是深夜，這座玻利維亞小城看起來昏暗又荒涼。「你確定要在這裡下車？」

　　「對，這裡好極了，謝謝！」我拿起背包，關上車門，跳下車。「一路順風！」我和他道別，在引擎蓋上敲了兩下。

　　然後我慢慢沿著寬寬的沙徑往下走。好冷，蒼白的月光灑在黏土造的房子上。一條小巷弄的陰影中突然冒出一個縮成一團的人。

　　「晚安！」我先開口。那個男人四下走動，大概比我矮一個頭，戴了一頂舊的單車安全帽，帽子上纏了幾公尺的羊毛線和塑膠垃圾。我心想，這個人不太正常吧，但繼續試著問：「請問，你知道我可以在這裡的什麼地方睡一覺嗎？」

　　他盯著我看整整一分鐘，一句話也沒說。我重複一遍我的問題。「欸，欸！」現在他點頭，安全帽上的垃圾裝置跟著來回晃動。極可能是長年濫用毒品的結果。

　　我們一起在夜色中穿過小城，片刻後來到一個大而堅固的廣場，街燈讓四周蒙上一層淺黃色。

　　「就這裡嗎？」我問。

　　戴安全帽的人點點頭，搖搖擺擺走了，在一間房子的一隅黑暗裡失去蹤影。我站在一間裝滿垃圾袋的波狀屋頂鐵皮屋前面。**雖然不是五星級，但是應該可以睡個幾小時。**

　　我在一個角落的斜前方鋪好睡墊和睡袋，把背包放在屋角，這樣一來，想接近我的背包的人就必須跨過我的身體才行。另一個防盜措施就是用一個黑色垃圾袋蓋住背包，行李這樣看起來不僅不值錢，若有誰想伸手過去，垃圾袋還會發出窸窣聲。**好了，**

晚安。

才剛睡著，便被一陣窸窸窣窣吵醒。戴安全帽的傢伙嗎？我坐起來，好多雙眼睛瞪著我，接近一打。流浪狗！我的脊背發涼，站的離我最近的那條野狗頭垂下，狺狺低吠，其他的狗立刻附和。牠們的上嘴唇高高翹起，牙齒在昏暗中發亮。所有的狗都很瘦，簡直皮包骨，身上這裡和那裡少一塊

毛皮。根據牠們的體型，我推測是獵犬。這裡是沙漠，除了幾隻老鼠外，牠們獵捕不到食物，一定都餓扁了。

玻利維亞流傳著流浪狗會在夜晚攻擊兒童的故事。儘管我早就不是小孩了，但躺下來的我和小孩差不多高。我很快地衡量一下情況，能做的實在不多，我的腳藏在睡袋內動彈不得。即使我能跑開，這些狗的速度應該比我快三倍，更何況牠們可以以眾擊寡。一旦這群野狗對我發動攻擊，後果不堪設想。

我承認我多少感到害怕。我對著天空禱告，希望上帝再次眷顧我。這段時間以來，我逐漸相信，死後在天上的生活會比現在不知好上多少倍，但是在此刻，我發現我還十分依戀塵世裡的小日子。

幾條之前仍在翻找垃圾袋的狗這時也過來了，剛好填補了圍住我的缺口。路封死了。牠們還不敢發動攻勢，也許我可以嚇退牠們？

「好了！」我用西班牙語大喊，盡可能讓聲音聽起來很威嚴，果然，有些狗抽搐了一下，其中三條甚至稍微向後退了幾步。但

是牠們接下來一起狂吠，發出威脅的聲音，而且又比之前更靠近了。看來嚇退牠們不是個好主意。

這些流浪狗仍舊不敢逾越和我之間的兩公尺距離，但保持隨時進攻的姿勢。**牠們沒把握嗎？**說不定。這恐怕是牠們第一次在這個地方遇見一個裹在睡袋中的白人。

噔！

野狗到處亂竄，一頭四處亂跑的驢子咬開了垃圾堆中的一個塑膠袋，上上下下晃著塑膠袋，於是袋裡的東西掉到地上。野狗立刻把我忘得一乾二淨，憤怒咆哮著往新闖入者的方向跑過去。驢子沒有撒腿就跑，而是使出全力，低下頭迎擊。這頭馱獸迅速趕走了那群狗，看得我目瞪口呆。我必須掐自己的手臂才能確定自己還醒著。這實在太瘋狂了！驢子和那群野狗在離我很遠的地方，一直互戰到破曉。

好荒謬的一夜！我竟被一頭驢子救了！誰相信啊！

2015 年 1 月

我取道智利北方，返回祕魯的庫斯科，因為我還得想辦法解決去戶政事務所申報更改居住地的「小」事。

我的父母打電話去市政府詢問，有沒有可能我不必特地返鄉，就可以申報更改居住地。答案是很清楚的「不行」，例外情況必須要有充分的理由，而且要本人簽名全權委託辦理，但是只有長期住院，或者因為工作無法親自到場的人才算。私人旅遊想當然不在例外情況之列。假使期限內漠視申報更改，就要繳納高達數千歐元的罰鍰，比搭飛機回德國的費用貴多了。

情況看起來毫無指望——至少以我的立場而言。我耶誕節要回家，媽媽當然很高興，但不知怎麼地，我竟然不太擔心，因為我有種很強烈的感覺，這個障礙一定會排除的。我一路走來，遭

遇過無數次幸運奇蹟，這次也不可能會錯過。

我心生一計，把身分證和全權委託書寄回家。然後打一通電話說明：「我覺得這樣行得通，你們跑一趟戶政事務所試試看。」

「可是他們說過，你必須親自到場。」我媽媽在電話另一頭反駁。

「對，我知道，但是……去試試看嘛。」我一直拜託，直到她勉為其難答應去試一試。

我寄的包裹一到德國，父親便把文件送到市政府的市民服務處，他認為冒這個險是沒有用的，大概會吃閉門羹吧。正當他在排隊之際，一個抱著紙箱的技術人員擠過來，用整個大廳都聽得到的聲音說：「我可以解決你們所有的問題！」他笑著向兩位女專員宣布。

事情是這樣的：辦公處的印表機前一天停擺了，兩位女士坐立不安等待維修人員到來。這位技術人員一邊修印表機，一邊和她們天南地北聊天。因為注意力全放在他身上，負責處理的公務員想都不想，便把我遷戶口的資料輸入系統，沒留意到程序其實有漏洞。她在表格上蓋了章，然後什麼也沒問，就把申請單交還給我爸。

我遷好戶口啦！

我從南美洲西岸搭便車前往祕魯首都利馬，心上的石頭也落了地。我在里約熱內盧認識的朋友的朋友，幫我張羅了一個睡覺的地方，並帶我四處逛逛。

一天晚上，讓我借住人家的女主人，一位中年婦女，帶我去參加她過世女同事的遺體安放靈床的儀式。我在一無所知的情況下，有了這輩子最尷尬的經歷。

淺色木頭打造的棺材蓋子開著，台座上擺滿了飾帶與花瓶，約莫 70 位訪客也把卡片和花放在上面。禮儀公司把位於三樓的廳室布置得很樸素，牆上什麼也沒掛，四面牆壁前排了一張張塑膠椅，深色的瓷磚地板微微發亮。入口有三張桌子，桌上放了招待

賓客的小點心和咖啡，氣氛壓抑且凝重。

「來，我們去跟家屬說說話。」帶我去的人說，把我介紹給剛喪妻的鰥夫和他已成年的孩子。我和每個人都握了手，表達哀悼之意。

「我太太若還在世，一定很想和您聊聊……」他露出含悲的微笑，然後指了指打開的棺材，「請。」

我們垂手斂眉走向棺木並往裡面看，一位 50 開外的婦人躺在鋪著紅絲絨的底部，光滑的黑髮梳的很整齊，雙眼緊閉，紅色的嘴唇似乎在微笑，兩手平和地放在大腿上。

「心肌梗塞。」陪我的人低聲說。

我同情地摸了摸胸膛，點一下頭，然後坐在牆邊一張椅子上。置身在巨大的痛苦與哀傷中，讓我感到無助又徬徨，但我無能為力。為了掩飾尷尬，我抽出一本西班牙文聖經（來自玻利維亞的禮物）讀起來。

「打擾一下？」

我抬頭看，那位鰥夫站在我前面，「您要不要說幾句話？」他指著我的聖經說。

「呃，好，當然好。」我回答，翻到一個我想還算適合當下情境的段落。我內心其實蠻高興的，因為自己能做點什麼。我朗讀那段經文的時候，鰥夫滿意地點頭，對他的孩子們打手勢，也立刻把賓客招呼過來。我好奇地看著他們排成一個半圓形，站在棺木旁。**接下來要幹嘛？有人要發表談話嗎？等等……他該不會以為……**

我不安地盯著鰥夫，他滿心期待地回望。**天啊！**

當我意識到這個誤會有多大時，我的臉色發白起來；這些人肯定以為我是傳教士，或是此刻要主持這場儀式的宗教人士！但是我根本不會呀！鰥夫再度投來充滿希望的眼神。

哦，不！我不忍心讓他失望，我默默說服自己：可以啦！唸

幾節聖經，做個禱告，會難到哪裡去？

我站起來。大夥兒安靜無聲，我的心臟拚命跳。**現在不能回頭了！**我先對在場的人表示衷心歡迎，簡短介紹了一下自己，打開我的聖經，把剛才挑的那一段再唸一遍。目前為止還不錯，接下來哩？我的手因為緊張而顫抖。**是不是還要提一下已逝者？說些她生平的事情？**

我不安的清清嗓子，提高聲音說道：「每當有人過世，總令人傷悲……」很好，繼續！……我們都很難過，因為……」哎，**真丟臉！……她叫什麼名字？**……她……嗯……我驚慌地在來賓們的臉上搜尋。幫幫我！沒有人知道我在找什麼。「……為死者，已逝的人，感到難過。」

我真想打自己的頭。哎喲！我缺乏適用這種場合的西班牙文詞彙，只好回到很不靈光的描述。我的心狂跳，結結巴巴地繼續：「您們當中有許多人與……有私人往來。」我慌忙掃描花束上掛的卡片，**上頭總該寫著她的名字吧！**「……與……」**沒有，沒有，依舊沒有稱名道姓**，「……與死者。」

一場災難！我必須中斷！「讓我們合掌禱告，上帝，請賜予這家人……呃……死者的家人以及她的朋友……安慰……」我快哭喊出來了！「我們求主……將死者……接到祢身邊，賜予她平安……阿門。」

弔唁的親友全都驚愕地盯著我，我覺得自己像剛把鐵達尼號撞上冰山的舵手，地上為什麼沒有一個大洞，可以讓我直接跳下去呢？我呆呆地穿過廳室，站到人群中同伴的身旁。

「你忘了她的名字！」震驚的她在我耳畔，說出有目共睹的事實。鰷夫試圖挽救頹勢，簡短致詞。我剛剛那番鬼扯顯然讓他十分尷尬；他快致詞完時，我的同伴匆匆忙忙把我拽走。我其實很想合乎禮節地說聲再見，但也許，避免面對面反而比較好。

有一點很確定：在場的賓客大概永遠都不會忘記我！

我搭巴士到利馬北部，然後在一個加油站找機會搭便車去厄瓜多。與我同方向的車子不多，等了好久都等不到願意載我的人。後來，我走到停在高速公路沾滿沙土的分車帶上的一排大貨車，詢問有無搭便車的可能時，一位司機對我說：「我們要先裝貨，如果你也幫忙裝，就讓你搭便車！」

聽起來很公平！分車帶上放著各種盆栽、袋子和包裹，都是要裝上車的。我搬起兩盆灌木，一口氣抬到車上，然後是其他貨物。「我們越快裝完，就越快開車！」一位工人邊說邊抓起一大把花，我們的動作快速流暢。太陽毒辣，車子越來越滿。

在一天接近尾聲的時刻，我們才用力關上大貨車的門。我脫下 T-Shirt 為自己煽風。裝完了。幾個工人爬上車，車輪開始滾動。

他們該不會不等我就開車吧？我立刻全速衝刺，在還沒開很快的車子後面追，等到我追上時，「喂，等等！你們忘了我啦！」

司機的頭探出窗外，但繼續開車，「抱歉，沒有空位了。」

我腦袋一片空白站在那裡，眼睜睜看著大貨車揚長離去。

「這就是人生啊，學到教訓了吧，」碰到這種事，我爸爸大概會這樣對我說。這話很有智慧，他是對的。只做了一個下午的工，我該感到慶幸才對。然而這樣想並不能安慰我，僅稍微減輕我的不愉快，但無法將之驅逐。

忽然想起我在聖經上讀過：要祝福你的敵人。那個司機還不

到我的敵人的程度，但是他對我實在太壞了。但是，若我記恨他，我會被這種感覺拖著走，他卻一點事都沒有。

我決定放下，不再為這件事生氣，默默祝福那位司機平安順利。一開始不容易做到，但我扮了一個滿意的鬼臉，然後踏著輕快的腳步走開，去找下一個搭便車的機會。

✳

我在厄瓜多剛滿一星期就發生了好多事，交了好多新朋友，我在回想時簡直不敢相信，只不過短短 7 天耶！譬如我和幾個大學生一起登上欽博拉索山（Chimborazo），一座死火山，並在赤道上打雪仗！在海拔高度 5000 公尺。再說一次：在赤道上打雪仗！是不是很酷呢？

我真希望在這個國家多待一些時間，但我必須盡快趕到巴拿馬，才不會錯過橫渡太平洋的帆船季節。於是我離開厄瓜多，向哥倫比亞邁進。有人拿那裡的游擊戰警告我，事實上我抵達後第二天就遇見了：革命軍炸毀了途中的一座橋樑，幸好無人傷亡，但道路因此封鎖了好幾個小時。

表面看來，這類攻擊的起因是政治衝突，但實際上是為了古柯鹼。所以，只要避開內陸的種植區域就不需要太過驚慌。當然，太接近游擊隊，無疑是賭上自己的性命。一公克古柯鹼在哥倫比亞約值 5 歐元，換成歐洲或美國，這一公克可以賣到 100 歐元。毒品商很願意為動輒百萬的交易犧牲別人。先不講這些，哥倫比亞人好客的程度與委內瑞拉人及厄瓜多人無分軒輊，這裡洋溢著一種輕鬆愉快的拉丁生活風格。

巴拿馬與哥倫比亞之間的叢林區太濃密，至今尚未開發出穿越道路，於是我改去古老的海港城市卡塔赫納（Cartagena），希望在那裡找到一艘航向巴拿馬的遊艇，願意讓我在船上打工。

　　我又在找船了。卡塔赫納的遊艇俱樂部不讓我進入船塢，我只好站在靠近入口處的白牆邊等著，早晚會有機會和船主說上話。

　　「嗨，年輕人，有沒有橫渡到巴拿馬的消息？」一位禿頂、牽著牛頭犬出來散步的加拿大人問我，我昨晚在遊艇俱樂部認識他。他住在自己的船上，養的狗叫賈熙，我常在陸地上碰到他。其實他是魁北克人，在那裡一間脫衣舞俱樂部做了很多年的經理，現在改行從事房地產。他是個很幽默的人，但誰要惹了他，他可不是省油的燈。

　　「還沒有，不過，我昨天才開始找。」我充滿希望地說。

　　「你今天晚上要睡哪裡？」

　　「對面那邊。」我指著林蔭大道，「建築工地上，我在一架挖土機與一棵棕櫚樹中間搭吊床。夜班警衛准許了。」

　　「那不是海景套房嗎？」加拿大人發出會心一笑，說我若幫忙做點事，就可以住在他的船上。我高興地與他達成協議。

　　隔天我在船塢與一位高大的瑞典人聊天，我告訴他我正在找船，他拋出的問題之一是：「你會煮飯嗎？」

　　我揚起單邊的眉毛。**我？做飯？哎呀……**

　　「我的廚娘沒通過試用，她甚至把飯燒焦了……而且是用不沾

鍋！」

　　就在前不久我也幹過這種事。但這段時間以來我進步了一些，不過，當專業廚師？ 我支支吾吾回答：「我會煮飯。」

　　「很好，我們這艘包船要經過聖布拉斯群島（San Blas Islands）去巴拿馬，時間一星期。這是菜單，我們一共 6 個人。」

　　瑞典人給我一張很長的單子，我飛快掃瞄一遍。大部分的菜我從來沒做過，泰式咖哩雞、鯷魚醬義大利麵、龍蝦、烤雞，光看這些肚子就餓得咕咕叫！「我有多少時間考慮？」

　　「一小時，決定後我會要你的護照，我們明天早上開船。」說完他快步走開，頭也不回扔下一句：「我們一小時後這裡見！」

　　我不停抓頭髮，大好機會耶！如果我真的會做菜就好了！怎麼辦？整整一星期，倘使我能達到他的要求，恐怕要奇蹟出現才行。我快速去找讓我住在他船上的加拿大人，衝進艙房。

　　「我有機會明天一早搭一艘包船去巴拿馬……」我脫口而出，光頭船主從他的智慧型手機抬起頭來，「……但我想我還是拒絕比較好。」

　　「為什麼？這不是你要的嗎？」

　　「沒錯，但那是個廚師工作，我不太會做菜呢。」

　　「你一定要接下這份工作！」 加拿大人突然一掌拍在桌上把我嚇一大跳，**「我當過主廚！你有菜單嗎？」**

　　我把單子遞給他，「哈！不必嚇得屁

滾尿流！全都是簡單得不能再簡單的菜！坐下來，我們一道一道討論。你會度過精彩的一星期！」

他跟我解說了幾個要點，於是我滿懷欣喜地把護照交給瑞典人。然後坐下來，和加拿大人一起討論到深夜，向他學習烹飪。

「烹飪的最高信條有三：第一，勤快地嚐每樣食物的味道，第二，眼睛跟著一起品嚐，第三，趁熱端上桌。」

他從準備到擺飾以及菜色安排，統統講了一遍，最後甚至調配了幾種調味料讓我帶走。上完這個鉅細靡遺的速成班之後，我內心依然仍有些疑懼，但是加拿大人應該是對的。

「老天！比我奶奶做的還好吃耶！」接下來那個星期中的某一天，一位旅客驚訝地說，連瑞典人到最後也對我說：「如果你橫越太平洋需要推薦信，叫他打電話給我！」

我很感謝那位加拿大人，不僅要為自己能順利渡過太平洋，而且讓船上所有食客都很滿意，更要謝謝他教會我一個重要的人生道理：未來我也要盡可能常常主動當別人的「貴人」，一如他為我所做的。幫一個人邁出他自己很難踏出的第一步，其實非常簡單；提供一些好建議，建立一個重要聯繫，或者只是對人說幾句鼓勵的話。投資另一個人的將來所需的金錢和時間少之又少，但是，小石子能夠引起山崩。

2015 年 2 月

位於哥倫比亞和巴拿馬之間的聖布拉斯群島，完全符合人們對加勒比海的想像：許多小巧、夢幻詩意的島嶼，沙灘明亮漂亮，還有上百棵椰子樹。土耳其藍的海水，斑斕的礁石，潛水時偶爾還能看見海底的船隻殘骸。美得就像畫冊一樣！

這些島上住著庫納雅拉（Guna Yala）的原住民，庫納人傳統上靠捕魚維生，但現在也依賴與觀光客做生意。他們販售的貨物

中，有椰子和藝術性很高的刺繡，他們稱為 Mola。有些特別受歡迎的刺繡是異裝者的作品。

我覺得很有趣，大部分的異裝者並非是因為性傾向而做此打扮，而是受母系社會教導而成。假使一個庫納人家庭多年未曾誕下女兒，他們就挑一個男孩，從此當他是女孩，幫他穿上女孩的洋裝，教他用尖嗓子說話，要他學做女孩的事情。

後來我分別在太平洋上的薩摩亞（Samoa）和法屬玻里尼西亞（French Polynesia）看到相同的風俗。玻里尼西亞人會挑家中最大、最強壯的男孩，把他教養成女孩，以便幫母親做家事。這些人多半身高兩公尺，非常健壯，鬍子刮不乾淨，但是穿著女裝，擦口紅，聲音又尖又細。玻里尼西亞人稱他們為 Rae-Rae，被選為 Rae-Rae 是這個社會莫大的榮幸，然而其中只有極少數是真正的同性戀，所以普遍終生沒有伴侶。若有觀光客奢想很快就能和強健的 Rae-Rae 上床，就像與泰國的人妖那般，牙齒會被打斷。玻里尼西亞人無論頭髮上有沒有戴花，一言不合便會伸出拳頭來。

✳

我小時候非常喜歡雅諾許寫的一則兒童故事《喔，巴拿馬好美啊》。故事裡的兩位主角，一頭熊和一隻老虎，在河裡找到一個裝著香蕉的木箱，上頭寫著「巴拿馬」。牠倆腦中充滿遠走他鄉的想法，非常想去那裡旅行；牠們跑起來，卻沒注意到自己只是在繞圈子。繞了好久好久，牠們回到家，卻不認得舊時景物了。花草雜蕪，房子頹圮，牠們在地上找到了香蕉木箱的殘破木片，發現上頭依然有「巴拿馬」的字樣，在剎那間欣喜若狂：牠們終於抵達目的地了！老虎和熊把倒塌的房子重新收拾好，快快樂樂在牠們的夢想之地過生活。

好甜美的故事！跟許多精彩的兒童故事一樣，裡面也有些寫

給大人的東西：老虎和熊覺得還缺乏一樣東西才會快樂，也就是要去巴拿馬。實際上，牠們到最後並沒有真的去巴拿馬，仍舊住在已經住了好多年的房子裡。讓牠們快樂的並不是外在環境改變，而是內心的改變。牠們對舊事物有了全新的觀點。

浪漫主義晚期作家雷瑙（Nikolaus Lenau）留下一句極富智慧的格言：「許多人尋覓快樂，就像在找已經戴在他們頭上的帽子。」我們常常在想，我們還需要點什麼才會幸福快樂。**如果多賺一些錢，多減個幾公斤，找到一個更貼心的伴侶，我就滿意啦！**至於已經擁有的，固然不錯……但還是不夠好。

即使最窮困的歐洲人，依然過著人類有史以來最奢侈的生活。超市裡有上千種商品：藍帶肉排，旁邊擺著巧克力冰淇淋，再過去一點的地方陳列著海外運來的香蕉。這些物資會讓 100 年前的國王嫉妒死了！電視、智慧型手機、暖氣、自來水、電、汽車、運動場、醫藥、洗衣機。以前的生活可不像今天這樣便利又舒適！生活改善了這麼多，我們不是應該比以前的人更幸福快樂嗎？在別的國家還有數不清的人沒有這些東西，他們怎麼樣呢？他們為什麼沒有因此哀聲嘆氣，覺得自己不幸？我在旅途中遇到許多人住在竹子搭建的小屋裡，比起德國某些開著保時捷的人，他們很滿意自己的生活，也快樂多了。

像我這樣環遊世界未必會讓人變得快樂，但是我在旅途中學到新的東西：用感激的眼光看待人生，珍惜每一次的經歷。我就是這樣觀察人事物，然後找到了快樂，非常非常快樂。

喔，巴拿馬多美呀！

❋

巴拿馬真的好美！當地人管這座位於巴拿馬海灣內的歷史小城叫波托韋洛（Portobelo），意指美麗的港口，我在這裡下了船。

已成廢墟的岩石建築長滿了苔蘚，四周擺著老舊的加農砲，加上倒塌的殖民時代房屋，很容易讓人有發現祕密海盜洞窟的感覺。這裡有青山、濃綠的雨林環繞。

我再一次覺得不可置信，我現在真的在這裡了！小時候覺得巴拿馬好遙遠，遠得無法想像，有時候不太確定它是否真的存在。巴拿馬會不會就在廷布克圖（Timbuktu）旁邊呢？從前我曾經這樣天真想像過。

廷布克圖，這個有許多傳奇故事的地方，人人都聽說了其中的一段，但沒有人認識這地方。後來我才知道，它是一座坐落在非洲的城市，毗鄰撒哈拉沙漠；距離巴拿馬三分之一個地球遠。勉強算在旁邊吧。

我從波托韋洛搭便車，然後徒步到位於巴拿馬運河入口，一個偏僻的遊艇港口避難灣。每年有幾百艘帆船會經過這裡，先通過運河，然後渡過太平洋。總有一艘船會載我吧！現在是旺季，從二月底到三月底是越洋的最佳時機。這幾個星期從東邊吹來的信風相對穩定，此時啟航的人，在南太平洋諸島上逗留的時間最為充裕，不必擔心碰到熱帶暴風雨。

第一天晚上，我在附近一個冷清的海灘上過夜，睡在吊床上。潮濕的沙地上到處都有嗖嗖閃過、尋找食物的小螃蟹，風吹來加勒比海的味道，夜空輕觸海水的地方，幾十艘貨船的燈光一閃一閃。大家都在等待放行，通過運河閘口。天空好清朗，數不清的星星在我上方眨眼睛。

宇宙之大，如此錯綜複雜，再次令我目瞪口呆，肅然起敬！比起我們在地球上的人所感知到的，宇宙何其遙遠遼闊！若說這肯定是一位天才的作品，就是小看了宇宙。天外有天，在那之外還有什麼呢？

我在地球上過的小日子正精彩絕倫。我深信不久就能找到搭便船的機會，因為船隻很多，競爭者很少。一想到橫越太平洋我

就興奮莫名，而且現在還有個地方可以睡覺。在這一方天地裡，我覺得自己就是魯賓遜！

✳

天將亮之際，我把睡袋藏進矮樹叢裡，穿上我最稱頭的衣服，帶著一本筆記本跑到船塢。我記下之前尚未和船務人員談過話的船隻，也記下已經認識我、知道我的計畫的船員姓名。聯絡人資料越多，機會也跟著節節升高，譬如某人認識的某人正在徵求助手，或是推薦別的船主給我。

我不僅詢問搭便船的可能，旅途上與遇見的人建立起良好關係，也讓我覺得好玩極了！這趟旅行的方式本來就完全要仰賴人際關係。生活中的所有事物也都很仰賴人際關係，即使我們並非時時意識到這一點。

我第一天就找到了一艘要橫越太平洋，並且在徵求船員的船。一對夫妻帶著小兒子打算駕帆船去澳洲。那位母親因為在啟程前要動手術，一個月後才能登船。對我，這不成問題，因為我沒有時間壓力。於是我們相互約好，談論大致上如何，然後就敲定了。幾乎不費吹灰之力！

接下來的一個月，我幫忙一位先前在加那利群島認識的巴拿馬籍女性朋友，她在巴拿馬管理一家代辦處，負責安排遊艇穿過運河以及相關的服務項目。我可以住在她家的客房，平日當「纜繩操作手」，引領帆船通過巴拿馬運河，賺一點錢。也就是說，當閘口放水和排水時，帆船必須用四條纜繩固定在水閘中央，否則產生的漩渦會讓船撞到牆，損失重大。我的工作就是阻止這種事發生。因此，我一共穿過了運河 6 次，在運河裡游泳 3 次，還有兩次獲特准駕駛帆船通過的經歷。

巴拿馬運河有時也被稱為世界第八大奇蹟，屬於世界史上最

偉大的建築之一，建造期間
讓 30000 多人喪命。他們多
半不是死於意外，熱帶疾病
是奪命的主要原因。

運河完成後，已經為超
過一百萬名水手省下繞路越
過「世界上最大船隻墳場」
的恐懼，也就是南美洲最南
端，令人畏懼的合恩角（Kap
Hoorn），據估計，曾經有
800 多艘船在那裡遇險。雖
然那是巴馬拿運河之外的唯一選擇，但即使到了今天，繞過那裡
依然要花兩星期以上。

巴拿馬不只以其運河廣為人知，還越來越受逃漏稅和洗錢的
人喜愛。想在這個避稅綠洲申請成立一家信箱公司，得到一間住
所，簡直易如反掌。財產所有人的資料及其資產都可以匿名。巴
拿馬的居民和政府自然都知道，表面上表示反對，私底下卻歡迎
整套系統繼續運轉，而且短時間內不會讓體制改變。巴拿馬城迅
速發展、令人印象深刻的天際線，都與這些有關連。勞務部門是
巴拿馬的經濟支柱，除了運河以外，銀行與貿易企業也對經濟有
貢獻。豪華宅第、溫暖的氣候、親民的生活費用，打造出完美的
避稅天堂。

2015 年 3 月

再過幾天，我就要和那一家人出發渡過太平洋了；就在此
時，我收到他們傳來的一封電子郵件，內容大致如下：「幾天前我
們答應了幾位朋友，我們比較想讓他們上船，抱歉現在船上沒有

你的空位了。祝一切平安順利！」

我又讀了一遍這封郵件，搞什麼？！訊息宛如五雷轟頂。我極度沮喪，頭疼和疲憊讓我笑不出來。我真的必須用雙手撐住腦袋，免得它掉下去。

現在該怎麼辦？

我強迫自己做幾次深呼吸。不是被拒絕讓我難過，而是這個時間點。要找到一艘渡過太平洋的船，最佳時機是二月底到三月底，現在已經三月底了，所以說，我在等待那艘要去澳洲船的時候，剛好與最理想的時間擦肩而過。我在厄瓜多與哥倫比亞拚命趕路，為的就是及時抵達巴拿馬，不希望錯過這幾個星期。現在要找到空船位的機會變得微乎其微。我沮喪得不得了，一直抓頭髮。

我腦袋中響起澳洲人的聲音，當時我倆才握過手，他說：「我從公告板上把你的徵求訊息撕下來，你現在不需要了。」但我特地問了一下，我是否應該有個備案。他說：「不用，不需要。」

他們不帶我，而是帶自己的朋友出海，連吭都不吭一聲。騙子…… 我說不出話來，即使我在心裡大聲詛咒他們，但我不想讓前不久發的願破功。我已經下定決心不再對別人懷有惡意！沒有例外。但憤怒有待宣洩。我不想破口大罵，只好全心祝福他們：**一路平安！祝好運！天天晴天！健康！平安！椰子！和平……**

這件事簡直令人發噱，我必須留意自己，不要變得憤世妒俗。但是這麼想真的有用。「要怎麼收穫，先怎麼栽」這句話確實有些道理。不僅適用於人際關係、生活環境，也適用於內心。我發現，我辛苦學會的格言慢慢影響了我的內在。基本上這很簡單，可是實際上情況沒有好轉，反而越來越糟……

「我又在找船了。」我向我的巴拿馬朋友解釋，我為何還待在這裡。

「很遺憾聽你這麼說。」

「還好，一定有更好的在等我。」

我不是因為樂觀才如此答覆，事實上我很清楚，機會渺茫，而且感到焦慮不安，實際情境確實是如此。**不要懷疑你沒看見的東西，即使當下你並不這麼覺得：這才是真正的信仰！閱讀聖經慢慢對我產生了影響。**

　　為了避開車潮，太陽升起前我便搭公車前往巴拿馬北方。早上又重拾起一個月前放下的事情。擔心是有理由的：之前每天都有五艘遊艇從這裡出發穿越運河，現在每天只有一兩艘。很多人的目的地也跟我不一樣，像是墨西哥或智利。

　　但也有好事等著我──我遇到了幾位舊識，其中一位是和我同齡的瑞典人，我們在大加那利島的時候就認識了，他旅行的方式和我很像。一間小房子的樹蔭下有張花園座椅，他正坐在那裡，望著船塢。他從斯堪地那維亞出發，一路騎單車到葡萄牙，再搭便船到大加那利島。

　　「我很想划獨木舟，沿亞馬遜河溯流而上，」我記得這個胖嘟嘟的金髮少年這麼說，「健身房我不愛，我需要一個扎實的目標。」

　　這輩子他想都別想！這是我的真心話。他能夠來到大加那利島已經算是個奇蹟了。

　　但是這個昔日圓滾滾、一臉稚氣的少年，已經蛻變成一個健壯的年輕人。他垂肩的金髮，曬成褐色的皮膚，輕鬆寫意的落腮鬍，都讓我想起維京人。他好帥氣，身材結實，而且一點孩子氣都沒有了。雖然沒有如願在亞馬遜河上划獨木舟，但是他自己打造了一艘，從厄瓜多划到巴西。**脫帽致敬！他渡過大西洋的歷程更是險象環生。**

　　年輕瑞典人在大加那利島沒有找到可以搭的船，便聯合四位搭便車的朋友，花 1000 歐元賄賂警察，偷走海岸巡防員幾年前沒收的一艘帆船。這艘 15 公尺長的帆船已呈半毀狀態，鏽跡斑斑，沒有馬達，沒有無線電，沒有燈。他們沒有駕帆船經驗，把船修好後渡過了大西洋。在我眼中，整個行動就是活得不耐煩的寫

照。導航的是一個口袋型 GPS，還有一張粗劣的航海圖。

航程走到一半時，就在大海中發生了不幸：桅杆斷了。船行速度變得比之前更緩慢吃力，連能不能順利抵達海的另一端都很難說。為了維持航線，他們靈機一動，把更小的三角桅杆改造成主帆，繼續在海上搖搖擺擺。到了離法屬圭亞那海岸線大約 600 公里的地方，他們嚴格分配的糧食宣告用罄。由於沒有無線電，也沒辦法發訊求援。

他們再也忍受不了飢餓，但是陸地依然遙不可及，大夥採取激烈手段：運用烈酒瓶和所有勉強可派上用場的東西，在船上發射煙火信號。這是我首次，也是唯一一次，聽到有人自願燒掉自己的船！

算他們命大，一艘委內瑞拉漁船發現了他們。船長把他們帶到千里達及托巴哥（Trinidad and Tobago），他們在那裡受到移民單位刁難。一般來說，想登上加勒比海上任何一座自治島嶼需要有一艘註冊過的船隻，要不然就得出示一張返國機票。為求登上島嶼，他們每個人都買了一張飛往馬丁尼克（Martinique）的機票。馬丁尼克是一座完全屬於法國的島嶼，因此也屬於歐盟，對歐洲人而言，它是歐盟法律轄下的土地。

他們終於抵達南美洲，不僅在鬼門關前走了一遭，還花了一大筆錢，甚至比買一張從大加那利島到南美洲的一般來回機票還要貴上很多。

啞口無言的我忍不住搖搖頭，我問他：「你們找橫渡太平洋的船，找多久了？」

「幾星期了。」

「結果呢？」

「一無斬獲。」他回答。

「你真會鼓勵人啊！」我笑了。也許在這當下並不恰當，但我保持樂觀。

✵

「將軍！」對面的人對我微笑。

平手。最後一局的輸贏揭曉，我們的手指飛快掠過棋盤，把棋子歸位。

「你們還要在這裡待多久？」我問和我下棋的夥伴，他來自比利時弗蘭德地區。雖然才 30 多歲，棕色短髮已有向後退的跡象了，於是他留起漂亮的錨形鬍分庭抗禮。他看起來不像注重外表的人，但是十分有魅力。他搭乘一位南非船長的遊艇，兩人一起環遊世界。

在我們身後，一艘艘遊艇在避難灣水面輕輕晃動。隔壁桌的人剛點了午餐。到了晚上，瑪琳娜餐廳的露天陽台座位將一位難求。

「就快了！」我們把棋盤轉過來，比利時人用「騎士」開棋。「我現在不再單純因為找樂趣而旅行，而是把工作和美好事物結合在一起。你知道，我把一路上的見聞拍成電視紀錄片，片名是《環遊世界的八十場約會》。我媽認為，我該去找終生伴侶了。所以我有了這個點子，走遍世界尋找適合的交往對象，並且為後代保留記錄。」

我笑彎了腰，走棋時差點推倒了幾個棋子。他母親到底有沒有這麼想……「你真的認為，這樣可以找到未來的妻子？」

他開懷大笑，「當然不，不過這是一個旅行的好理由，而且開銷差不多。你呢，你怎麼負擔旅途上的花費？」

我思索了一下，倒不是因為他的問題，而是現在只要一個不小心，他就會吃掉我的「城堡」。「我不放棄任何一個賺錢機會，實際上我什麼都做，清潔、燒飯、修理。我在委內瑞拉幫憲兵隊整修浴室，在圭亞那挖金礦，在里約熱內盧的海灘上賣水果沙拉，在祕魯的加油站負責加油，在這裡幫助船隻過巴拿馬運河。錢夠不夠用，與賺多少無關；主要看你花多少錢。你可以是百萬

富翁，可是一旦支出超過收入，還是會破產。」

「很好。」他點頭表示贊同，然後吃了我的城堡，「但是，住宿與吃飯的花費，應該超過你打零工賺的錢吧？」

不，我好笨呀！失去「城堡」令我懊悔。「關於住宿，我大部分睡在帳篷裡，或自己的吊床上，有時受邀在別人家作客。絕大部分的路程都是搭便車，不用花一毛錢，還因此經常結交到有趣的朋友。對彼此來說是雙贏。除此之外，我從不在餐廳吃飯，絕不泡酒吧。」

現在他笑得十分開心，把我的「王后」踢到一邊去。「我聽懂了你的祕訣：不喝啤酒，錢就夠用。」

「差不多就是這樣！」我對他眨眨眼，瞄一下棋盤，翻倒了我的「國王」。認輸。**我話太多啦！**

比利時人滿意地笑著往後靠，然後提議：「晚上到我們的遊艇來看看，一起吃飯，如何？」

✺

帆船的船長是來自南非的商人，他和比利時人大約於 12 年前在委內瑞拉結識。當時這位商人問比利時人，如果他買一艘船，他願不願意陪他環遊世界？

「嗯，好，可以呀！」那時他這樣回答。之後兩人偶爾聯繫，十年後，比利時人接到一通電話：「嗨，我買下一艘船了。要不要跟我一起去環遊世界？」

「嗯，好，可以呀！」他依然不假思索地這麼回答。於是這兩個人一年前從地中海出發，在海上繞世界一圈，這趟旅行將在整整兩年後於非洲畫下句點。

幾天前，一位年輕的阿非利亞人為了這趟橫渡太平洋之旅，從開普敦來到此地，為他們湊足了船員數。非洲人是黑皮膚，阿

非利亞人（或稱布爾人）則是白皮膚，後者是 300 年前移民到好望角的荷蘭農夫及水手的後代。

搭這艘遊艇在大海上航行會多棒啊！可惜，他們已經有足夠的人手了。三個人都是好人！即使我找船毫無著落，但是等待的時間仍然對我有益。這天晚上我第一次喝到薑汁啤酒。**世上無奇不有！**重要的是，我又交了新朋友。

隔天比利時人又和我下棋；船長和我結伴去游泳，然後深入地談論南非。夕陽西下時，我們在海灘上烤肉。我們搬來粗大的樹幹當椅子，圍坐營火旁，在嘶嘶作響的火上烤雞肉與馬鈴薯。風偶爾吹動火焰，夜空下飛濺起好多火星子。貨輪的燈火在海面上熠熠生輝，就像城市裡的建築一樣。

船長和比利時人剛剛在一旁低聲談話，這時朝我揮手，「克里斯多佛。」

我站起來。**他們想幹嗎？**

「如果你有別的打算，我們能理解。但是，你想不想和我們一起橫渡太平洋？」

別的打算？肯定沒有！「當然想！」我激動地回答，笑容在整張臉氾濫。我高興地跳了起來。到了明天，澳洲人回絕我就要滿七天了。**這段時間縱然很不安，但是終於峰迴路轉啦！**

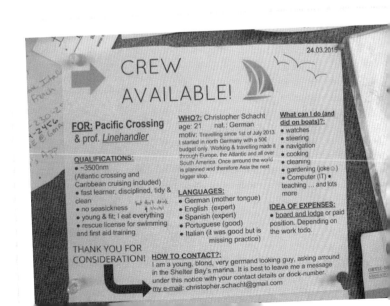

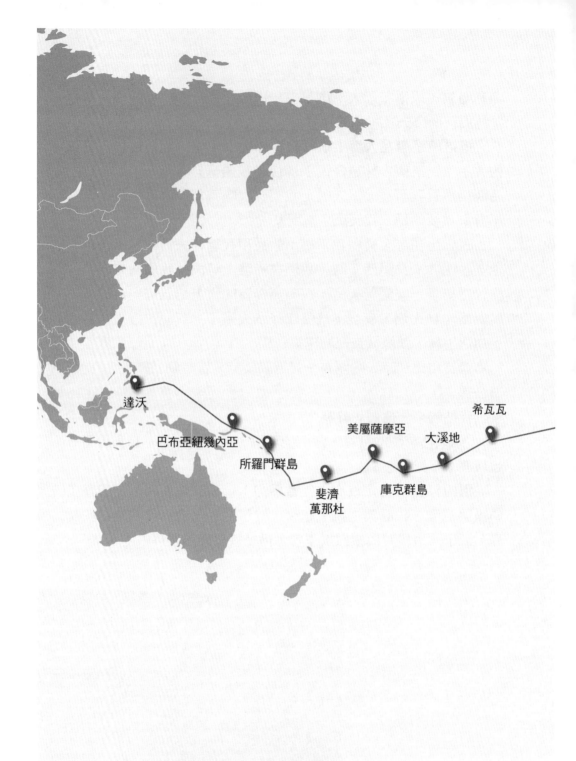

達沃

巴布亞紐幾內亞

所羅門群島

斐濟
萬那杜

美屬薩摩亞

庫克群島

大溪地

希瓦瓦

第 3 階段
太平洋和太平洋群島

一望無際，惡臭的赤道祭，這裡的貨幣是豬，古怪的貨物崇拜，在火山口

　　復活節星期一，我們的腳最後一次踩在堅實土地上。這一天我們升起帆，航向藍色大海，朝我們星球上最大、最深的海洋──太平洋出發。如果問起太平洋有多遼闊，大部分的人會說，太平洋大約占地球面積的四分之一。事實上，太平洋有接近半個地球那麼大！

　　所以，日本和德國之間的距離，要比日本去巴拿馬更近。換一種說法：從德國出發去日本旅行，要走的路絕對比我現在「只是」去鄰近大陸的岸邊近多了。

　　我的心跳加速。如果這世上還存在某些島嶼，島上的居民遺世獨立，如果不是在太平洋上，又會是在哪裡呢！

　　我們立刻在甲板上分配工作，每三小時輪一班。一開始船長和我負責帆和槳三小時，然後比利時人和阿非利亞人接手。這樣一來，每人每次最多只能睡三小時，但是任何時候都有人協助，一起注意最新的天氣狀況。要是其中一個人落海，還有另一個人在場救援。

　　真要碰到這種事，倖存的機會可說是微乎其微。根據美國海岸防衛隊統計，每三個落海的人中，就有兩人不幸葬身海底。我曾在他麾下工作的一位船長如此表示：「我的船上只有唯一一條規

定：誰也不准落海！」死於暴風雨的最少，因為每個人都會注意自身安全。但是，在風和日麗、平靜無波的日子，溺斃的人反而最多。不管你在遠洋哪裡出意外，救援都不會到來，加滿油的救援直升機能達到的距離也十分有限，否則它無法返航。一旦遠離海岸，一切只能靠自己。在陸地上尚未出現症狀的盲腸炎或熱帶疾病會突然發病──在汪洋大海中一旦發生這類事情，意味著生命會迅速結束。許多帆船手未雨綢繆，真的先去割掉了闌尾。我沒有這麼做。說不定哪一天會讓我致命，但是沒有它也一樣致命。有一點錯不了：所有人都會死。沒有例外。

✳

航行不值班的時候，我們就躲在遮陽篷下的陰涼處下棋，看書，或是談一些深入的話題。有一次比利時人和我起了爭執，但只是我們的意見不同罷了，不是為了什麼大不了的事。但這次爭執為我上了彌足珍貴的一課，是我旅程中學到的寶貴經驗。

比利時人在他的艙房睡覺時，船長指正我：「以後別做這種無

益之事！好好想一想！你的理由多好根本不重要，如果你沒有先贏得別人的心，休想說服誰，永遠都不可能。如果你想進一步，不應只以理性為出發點討論，而是要心靈交流。」

船長察覺到，這段話引發我深思，於是又說：「很多人堅稱自己很理性，但我們大部分的決定不是以理性

為基準，而是憑感覺而生的。因此，公司行號不會用長串的贊成者和反對者名單來打廣告，而是挑選幸福快樂的臉。如果無法打動人心，理論毫無用武之地。」

他嚴肅地直視我，「你知道嗎，我們當初不是因為還需要一個人手才讓你上船的。三個人綽綽有餘，但我希望你一起來，因為你有一股朝氣打動到我。」

「你的意思是？」

「你在巴拿馬的時候露宿於星空下，每日三餐靠小麵包和香蕉打發，大部分的衣服都舊了，而且還是二手貨。你已經有兩年沒見到家人，距離你想達成的目標還很遙遠。」

我微微一笑。**聽起來他像是要說：你的人生令人同情。**

「儘管如此，你卻一直很開朗，心境平和，讓人以為你沒有真正的煩惱。你知道你是誰，從哪裡來，想要去哪裡……」他停頓了一下，「我缺乏這種自信。」

「我想，你有點高估我了……但有一點說對了，每當我想到這

一生並非一切，煩惱和問題看起來就沒那麼嚴重。我讓自己明瞭，我其實過得很好，在那時候，我就會覺得問題已經解決了一半。」

✳

兩天後，我們來到西經 85 度，北緯 0 度，南緯 0 度的地方，也就是赤道，世界的腰帶。

上午時分，天空清朗，微風讓人神清氣爽。我們的船輕鬆劃過波浪，用四個字形容：如夢似幻！

年輕阿非利亞人和我都是第一次駕帆船通過這個緯度。根據水手的傳統，我們兩個要接受一次赤道洗禮。這是經驗老到的水手表示接納新手的儀式，說穿了就是整人。船長和比利時人早就在拿這個尋開心了，說我們將會受到一堆很難熬的考驗。也許我們會被迫剪新髮型？在不方便給人看的部位打洞？喝馬桶裡的水？光想像這些鬼點子，他們就樂不可支！

衛星導航顯示，我們已經通過了赤道。船長和比利時人露出幸災樂禍的笑容，然後去船內做準備，幾分鐘後又爬上甲板。比利時人戴了一副泳鏡，打赤膊，上半身纏了一根又粗又長的繩子，提了一個裝有各種酷刑用具的水桶。船長跟在他後面，腰間和肩膀披掛了一條白色被單，像是穿著希臘長袍。黑色潛水面罩框住他陰鬱凝視的雙眼，進水管在一旁上下晃動。

他大聲下令，「把小鬼們帶到前甲板上！」

比利時人把我們用力往船首的方向推。他們的表情超認真，到底怎麼辦到的？真令人吃驚！比利時人放下肩上的麻繩，將我們綁在前桅支索上。

「闖入者是誰？」我們的船長繼續咆哮，拿起放在前面救生艇上的假王冠。

「哦，至高無上的海王星，是新來的競爭者。」比利時人說。

「我誰都不需要！我們的人手夠了！」

「閣下所言甚是！喔，偉大的海王星，但請看：他們從遠方來，只為替您效犬馬之勞。這裡有一位來自南非。」

「非洲？有斑馬的大陸？我一直想要有一批斑馬！這兩個人身上為什麼沒有斑紋？」

「斑紋！啊，是呀，主子⋯⋯斑紋！馬上好，喔，仁慈的海王星！」比利時人的手伸進水桶，撈出一個噴罐。他很快搖了一下，然後對著我們裸露的皮膚，從下到上噴上寬寬的白色條紋。因為天氣太熱了，我們只穿了短褲。

「多醜的斑馬！」海王星咕噥了一句。**「太差勁了！要用火燒！」**

「是的，是的！火焰，喔，強者！」比利時人的手又消失在水桶裡，拿出兩根胡蘿蔔和一瓶特辣的辣椒醬。他在胡蘿蔔上塗了至少十份辣椒醬，把還在滴的那一頭塞進我們的嘴裡。

吃辣的人的嘴裡會不會吐出火來？如果會，當下我們都可以表演噴火了！我們的腦袋變得通紅，眼睛噴淚，還比賽誰流的鼻涕多。

「哈哈哈！這兩個人好甜！」

「甜？對極了，噢，魚兒⋯⋯斑馬的主人哪！」比利時人現在轉開一瓶楓糖漿，淋得我們滿頭滿腦。

「有趣！我們還有更多花招吧？」

「至高無上的君王，馬上就來！」他附和後，把一管番茄醬擠到我們兩個身上。

「來大肆慶祝！開我們年份最好的酒！」

「那還用說，喔，海王星萬歲！」比利時人掏出一把裝滿紅酒的水槍，朝我們的臉射過來。

「用我的權力象徵砸他們！」

「樂意之至，哦，王中之王！」比利時人在我們頭上各打了一顆生雞蛋。

「還缺一樣！海洋的味道！」

「遵命，香味之王！」比利時人打開一個沙丁魚罐頭，把油膩的魚放在我們的肩膀和頭上。

「瞧！真正的斑馬魚！現在他們是我王國的人了！放他們進來！」

他們為我們鬆綁。換句話說，我們可以去洗澡了。身上臭得要命！花了半個多小時用力刷洗才稍微可以見人。但這份回憶非常珍貴！

2015 年 4 月

我們經過加拉巴哥群島（Galápagos Islands）那天下午，天上有一點雲，熱得一塌糊塗。已經過了颶風季節的赤道附近風力不強。船兒慢慢來回搖擺，海浪不斷拍打船頭，完全沒有消停的意思。

這處群島給達爾文靈感，思索出進化論。但是我們看不見島。近一個星期以來，我們第一次遇到別艘船，地平線上一個灰色小斑點印入我們眼簾。

「我們有魚要送你們！」比利時人前面的無線電突然沙沙作響，冒出西班牙文。

「請說英語！」他試著告訴另一端的人他聽不懂。我立刻跳起來，從一派輕鬆的夥伴手上拿過麥克風。

「能不能請您再說一次？」我用對方的母語詢問。

結果是，一艘來自厄瓜多的漁船滿載而歸，想分一些給我們。船主唸了一長串不同種類的魚，讓我們挑選，好像是披薩外送的點餐熱線，不，是魚獲外送。他報出來的魚當中，我只認得鮪魚的西班牙文。

「太好了！」我下了訂單，接獲指示在船尾等他們送來。我火速掛上麥克風，趕緊跑到甲板的另一頭。

老天，他們已經到了！一艘結實的漁船已經在一箭之外，船頭襯著劈啪浪打聲上下起伏，船身比我們的寬兩倍，在水面上比我們高四倍。漁船的鋼結構上有新刷的白漆，拖船後捲起陣陣黑煙。舵手把轉數加高，以便更靠近我們。

「注意距離！」我們的船長發出警告，「他們的船體是鋼，我們的是玻璃纖維強化塑膠，可經不起一撞喔！」

為了靈活轉動，我們收起帆，改用馬達驅動。拖船離我們更近了。

我突然有些顧慮，「如果他們想要，可以輕鬆搶走我們的船，把我們丟進海裡餵魚。」

南美洲北部在近代真的出現過海盜組織，但根據大部分遭劫船隻的描述，都是貧窮漁夫趁機所為。我們打量那些挨在船首的八、九位拉丁美洲人，大多二十幾歲，穿著很普通的汗衫和短褲。

「這我也考慮到了，」比利時人附和，「但現在為時已晚。」

「接住！」柴油馬達轟隆聲中，一位漁夫對我們大吼，然後在離我們大約 15 公尺外的地方拋來一根麻繩，阿非利亞人和我用手把繩子固定好。**至少繩子上沒有爪鉤！**

水手們在我們中間的麻繩上繫上一個黑色垃圾袋，「接好！」他們發號施令。於是我們一起把袋子拉過水面。麻繩晃動得很厲

害，我腦海中浮現塑膠袋裂開，袋裡的東西掉進海水的畫面。

但是袋子沒破。它一碰到我們的舷欄杆，我們就把它抬到駕駛艙，打開繩結，拆下麻繩。

「看看他們是不是送廚餘給我們。」船長打趣說。

我們用刀割開塑膠袋，發現裡頭有一條閃閃發亮的極品：一條剛捕獲的鮪魚，還附贈一條半公尺長、魚身已經剖開的尖吻鯖鯊。那個袋子能承受這些重量，我到現在還覺得驚奇。

才不是海盜呢！以歐洲的市價來算，這份禮物總值數百歐元！我們高興得手舞足蹈。

「有壽司吃囉，多到從你們的胃裡滿出來！」船長用嚇人的表情捉弄我們，大夥兒都笑了。

我們朝著厄瓜多漁船大喊謝謝；船員對我們吹口哨，揮手道別，然後頂著風浪慢慢駛離。我用無線電和對我們行善的人閒聊了好一會兒，其他人則把冰箱裡不必要的東西拿出來，騰出空位

給新鮮美味。**多慷慨的行為啊！**漁夫們繞上一大圈，耗費很多精力，只為了帶給我們快樂！

「直到你為某人做了他永遠無法回報的事，你才會明白，你還沒有真正活過。」我想起英國作家約翰・班揚（John Bunyan），大約 400 年前在世界文學名著《天路歷程》中寫過這一段話。遵循這類簡單真理，你無須博學多聞，也不必很富有。那些漁夫證明了這點。付諸行動就對了。

✳

離開加拉巴哥群島之後，我們終於遇上東南信風，後側吹來的強風把帆都吹斜了，我們一天一天航向外海。過了兩星期，我們把最後一些水果和新鮮蔬菜切成小塊，加進菜餚裡。在那之後，菜單上就只有脫水食材，像是米和麵條，罐頭或冷凍食品了。

為了節省飲水，我們混進近三分之一的海水一起煮，讓鹽分完全揮發掉。海水也用來洗碗、洗衣服。一天早上，我把水壺放在爐子上加熱，準備泡一杯熱巧克力；我的嘴巴湊近發出誘人香味的杯子，正想啜一口好滋味時，卻只想立刻吐出來。我的眉毛高高豎起又掉下來，臉因為作嘔而扭曲變形，然後吐出噁心的汁液。呸，太噁了！我後來才知道，水壺掉進含鹽的洗碗水中泡了一夜，不知道誰把它撿起來放回爐子上，然後忘了……直到我拿出來用！

事後回顧這些插曲仍然覺得好笑，但是人得留意自己的情緒，不要因此對人發脾氣。長時間和別人擠在狹小的空間裡，加上睡眠嚴重不足，誰都難免會想：**那個人是故意的！**

事實上這類偏激想法源起於暴怒，但是是一種溫和變體，帆船搭久了自然會發生，若能預期這種現象，人就會保持平靜。通常在被懷疑的時候，我都看得很開。假使我們不是十分確定，就

應該多看看別人的優點。當然，這樣做可能會失望，有時候甚至會受傷。但我仍然覺得，寧可評估別人好的一面，也許高估了他真正的為人，但也好過冤枉誤會別人。這不僅對他人有益，對自己也是好事。與人為善者，也會接受到善意。期待別人做點好事的態度，甚至可以喚起別人的善良本性。相反的，惡劣的期待會招來惡劣的對待。

2015 年 5 月

　　海上航行 31 天後，希瓦瓦島（Hiva Oa）上的山於破曉時分掙脫黑暗蹦了出來。希瓦瓦島隸屬於馬克薩斯群島（Marquesas Islands），法屬玻里尼西亞的一部分，戰士部落居住在各島嶼上。

　　希望在遠離文明的地方看到什麼？手持弓箭的野蠻人？全身彩繪的部落首領？用木銷穿環的土人？遮羞布和刺青？

　　這些在太平洋群島上都可以見到，唯獨法屬玻里尼西亞例外。刺青倒是常見。雖然我很高興終於可以著陸，但是駛進海灣時我卻有點失望。希瓦瓦島早就不是我私底下研究時所想像的那樣，渾然天成又傳統。

　　從前山坡上只見食人族的原始茅屋，早期來的傳教士真的只留下了被咬壞的鞋子。先嚐過味道，再

學習。根據以前的史料，玻里尼西亞人把敵人插在柱子上，然後放在香蕉樹與麵包樹葉子堆成的火堆上烤熟。這可以是勝利的象徵，要不然原因也許很單純——因為好吃。

如今在山坡上滾動的是現代的運動休旅車和負責接送的皮卡車，路面都是柏油路，再也看不到用柱子和樹葉搭建起來的房子。這些現代房子裡配備了水電和電視線路，頭顱標本和打仗用的木棒已經被取代。

最初發現這些小島的人報導了活人獻祭、生育儀式和部落戰爭。我們著陸後第一次四處走動，發現了一家銀行、一間醫院、一個警察局，還有其他符合現代社會標準的設施。島民不再划獨木舟打劫鄰近的島嶼，年輕人搭飛機去大溪地讀大學；大溪地是法屬玻里尼西亞總計 118 座島嶼中的首府。一些年輕人甚至留學巴黎，沒錯，巴黎，法屬玻里尼西亞屬於法國領土，雖然歐洲遠在世界的另一個盡頭，移民局甚至不必在比利時人和我的護照上蓋章。

即使得到法國的財政支援，法屬玻里尼西亞的生活還是很難達到西方的水準，因為玻里尼西亞人主要以農業、觀光和珍珠貿易維生，尚不足以負擔那樣的生活。儘管同類相食曾是此地文化主流，但是他們的文化並不因此顯得土氣。早在 700 多年前，玻里尼西亞各族就在太平洋海域上發展出一個貿易網絡，駕船在 2000 多公里的範圍內活動，比哥倫布幸運找到前往美洲之路還要早。他們可以在海上航

行數星期，受潮流以及捉摸不定的風向影響，既沒有指南針，也沒有六分儀，更別說會有 GPS 了，竟不會錯過任何一座要前往的迷你小島。若誤差個兩度，很可能會與目的地擦肩而過。在外海漂流，結果是必死無疑。

　　做個比較：距離差不多是從柏林到土耳其首都安卡拉，但是沒有街道，沒有地圖，沒有路牌，沒有衛星導航，途中不會遇到指路人，甚至沒有用來辨別方位的山，「你看，那座山看起來好像一隻睡著的鴨子！」，遑論森林或其他明顯地標。我不知道別人怎麼樣，但是我連逛 IKEA 都會迷路……儘管到處有路線指示！

　　潮流、波浪、星星、空氣、飛行中的鳥，就是玻里尼西亞人的定位系統。他們不用航海圖，而是藉由歌曲和故事輔助找出路線。

　　太平洋區域有好幾個地方都有以歌曲做為辨別方位的習俗。另一個關於這種技能的有名例子是原住民的「歌之路」，澳洲原住民靠這種本事，徒步穿過有時長達數百公里的貧脊草原。「歌之路」不是指看得見的路，而是指跨越荒野的歌唱波段。令人驚訝的是，歌詞僅扮演次要角色，節奏和音調才是關鍵。走路時留神周遭的聲響，仔細觀察景色，就能辨識出在歌之路上哼唱的歌曲。透過這種技能不僅能找出目標，一路上還可以找到水源、避難地點，以及所有旅途上所需之物。太神奇了！

✻

　　玻里尼西亞人除了在辨識方位上擁有不尋常的能力之外，在紋身藝術上也是出類拔萃。馬克薩斯群島上的人經常全身紋身，但他們並非如一般所聲稱，是這項手藝的創始者。已有 5000 年歷史的阿爾卑斯山木乃伊「冰人奧茨」身上也有刺青。

　　然而，馬克薩斯群島上的居民依舊是這門藝術的大師。因為從前他們沒有文字，便藉著身上的精緻圖案來顯現自己的出身、

成就、家庭狀況和社會地位。此外據說這些裝飾能釋放出心靈力量。刺青師傅使用銼平的動物牙齒做成梳子狀的工具，操作時會讓人痛到骨子裡，至少看起來如此；傷口會因為工具沒有消毒過而嚴重發炎。通常傷口需要一整年的時間才會癒合，有些人因為感染而早早去見閻羅王了。每個玻里尼西亞男性都要經受這種疼痛與風險，女性僅有少數。

在玻里尼西亞人的社會，刺青是祭司的工作。受過數年訓練的祭司在準備紋身時，會精準執行各項儀式，並且嚴格遵守各種禁忌。「禁忌」（tabu）這個詞就起源於玻里尼西亞語言區，有趣的是，這個詞既有「禁止」，也有「神聖」的含意。

2015 年 5 月

我們在馬克薩斯群島待了一星期，然後繼續駕船尋訪土阿莫土群島（Tuamotus）的環礁。環礁是甜甜圈形狀的島嶼，島中央有一座潟湖。環礁由珊瑚礁形成，因此只高出海平面幾公尺，而

且大多只有幾百公尺寬。

在一望無際的汪洋大海中看到這狹長、看似脆弱的地帶，讓我眼睛一亮。那些沙灘白得耀眼，椰子樹妝點得如詩如畫，土耳其藍的海水清澈得可以一眼望到水深 15 公尺的海底。

除了環礁美得不像真的之外，島上居民在潟湖經營的珍珠養殖場也讓我驚嘆。我聽說，如今真正的珍珠不像人們想的那麼昂貴，買一顆中等品質的珍珠不用花大錢，只需要一美金。一顆很珍貴的珠子大約要價 10 美金。所以，一條真的珍珠項鍊一點也不貴。用特定顏色、大小的珍珠組合串穿，用銀或黃金鑲嵌，才是珍珠首飾價格高的原因。

了解這些道理後，我們就打算買些紀念品。沒多久機會就來了：我們在塔卡羅阿環礁（Takaroa）上散步時遇見了一位當地婦女，她邀請我們去鑑賞她手工製成的珍珠項鍊。她帶我們走入全島唯一的一座村莊，她的家就在棕櫚樹中間。她的身材和玻里尼西亞人一樣結實，有一頭深棕色鬈髮，細長的眼睛和一張圓臉，穿著樸素的 T-Shirt 和短褲。我覺得許多玻里尼西亞女性看起來有幾分男人味，根據當地男性的說法，女性也和男性一樣果決勇敢。我聽說，兩性起爭端時經常會用拳頭解決問題。

這位婦人的沙地花園以一個深綠色鐵絲網為界，四周長滿了深綠色的矮灌木，其中有些已開花。小屋是淺玫瑰色，和此地所有建築一樣，為了防止洪水而建在岩石塊上，與地面相距大約一隻手臂長。

「你們在這裡等。」她說，身影消失在房屋內。門口有幾麻袋的牡蠣。**我們來對地方了！**

再度出現時，她帶著歉意說：「我剛剛才想起來，我把所有首飾都賣給上一班飛往大溪地的旅客了！現在只剩下這條項鍊。」

她把那件珠寶遞給我們的船長鑑賞。三顆金光閃閃的珍珠，接下來三顆閃耀著紅光，再來是發出綠光的珠子，共有三組，一

共 27 顆珍珠。全都一樣大小，毫無瑕疵。

「多少錢？」船長問。

「其實我們在這座島上不准賣珍珠給觀光客，所以你們不能告訴別人。這樣一條項鍊，通常我的售價不會低於 130 美金。」

依我看來，這個價格非常好，光是那些珍珠就物超所值，更何況還有這種組合設計！

船長咬了咬嘴唇，一副要做重大決定的模樣。「我想帶東西送給我在南非的女友，這條項鍊漂亮極了！但是我實際的上限是 100 美金……」

玻里尼西亞婦人理解地點點頭，「好，我希望你們對我們的島留下美好的回憶，一百塊成交。」

船長滿意地拿出皮夾，付錢，然後我們告辭離去。

「可惜呀，項鍊被你買走了，否則我也很想要，」我們登上停泊在潟湖的小艇，準備向船划去的時候，阿非利亞人羨慕地說，「你輕而易舉就能把這條項鍊用幾百美金轉賣出去！」我們都同意他的說法。

第二天我們啟航，後天便抵達了近乎完全圍起的阿亥環礁（Atoll Ahe）。我們在這裡也遇見了一位珍珠販，他甚至來到我們的船上。或許該說是一位女商販？因為那是一位 Rae-Rae。關於 Rae-Rae，我在介紹巴拿馬東方聖布拉斯群島的庫納雅拉人時已經解釋過，他們是家中最強壯的男孩，被當成女孩養大，好幫媽媽做家事。有趣的是，許多玻里尼西亞女性也頗有男人味。

我再次深刻體會到，我們在歐洲因為外表而萌生的壓力多麼沒意義。世界上的人對認同的美感有多麼大的差別！曬成褐色的皮膚看在美洲人眼裡很漂亮，大部分的亞洲國家卻偏愛「優雅的蒼白」；非洲人認為肥胖是美的典型，歐洲則崇尚苗條；歐洲男人穿長褲好看，斐濟男人穿裙子才美。所謂美，全視觀賞者的眼光而定！

Rae-Rae 在我們駕駛艙內的小桌子上展示商品，並表示願意以幾百美金的價格售出。船長說：「統統都很漂亮。但我們在塔卡羅阿已經買過珍珠了。」

「真的嗎？」Rae-Rae 皺起了眉頭。他比我們所有人都魁梧高大，但是戴了假睫毛，還留了一條長辮子，頭髮上刻意架著一副太陽眼鏡展現個人風格。他沒有穿女裝，但挽著一只黑色漆皮包包，用來裝他帶來的飾品。

「真的。但您還是可以幫個忙……」說完船長立刻消失在甲板下，去拿他最近買的項鍊。「您估個價看看？」

「如蒙允許……」Rae-Rae 拿起那條項鍊，把兩顆珠子相互摩擦了一下，然後湊近眼睛仔細鑑賞。他問：「您花了多少錢買的？」

「100 美金。」看得出來，船長頗為自己達成的交易感到自豪。

Rae-Rae 笑了笑，把項鍊還給他。「這是**中國製造！**」

我們全都大吃一驚，「您確定？」我反問。**什麼什麼什麼？但是……那間粉紅色小屋子前明明有牡蠣……！**從頭到尾都讓人深信不疑！

Rae-Rae 指著兩顆珍珠摩擦的地方，那裡有點發白，「這是塑膠，顏色絕對擦得掉。」

船長摩擦了幾顆珍珠，然後用手指摳了摳塗層。「這個巫婆！」他惱火的聲音從齒縫間擠出來，「要不是逆風，我立刻掉頭回去找她算帳！」

我們都從這件事學到了教訓。第一，不懂的東西寧可不要投資。第二，那位婦人說過：「其實我們在這座島上不准賣珍珠給觀光客。」做暗中交易的人發現自己被騙了，也沒必要大驚小怪。

　　我們從土阿默土群島揚帆前往大溪地，抵達後，我便要離開這艘船了。因為船要繼續航向澳洲，然後從那裡返回故鄉。

　　「跟我們一起去非洲嘛，你可以從那邊一路向北，邊走邊打工到歐洲，」船長大方地邀我同行。

　　穿越非洲是許多人夢寐以求的事。看起來很方便，因為已經有一艘要開往那裡的船，這顯然也是回家最便捷的路線。但這不是我的夢想。我想去亞洲，去韓國和日本。幾乎所有橫跨太平洋的帆船都會在大溪地稍事停留，所以這裡是尋找下一艘船的最佳地點。

　　「你是對的，我們每個人都應該忠於自己，」船長不僅理解我的決定，甚至支持我堅持下去。

　　我買了一本法德袖珍字典，因為我估計，也許會在大溪地過上一個月「露宿街頭」的日子。這倒是學習法語的大好機會。大溪地的環境比我想像中好多了，不到一個月就找到了下一艘船──其實我只花了兩小時！

　　我的新船長是個 60 開外的挪威商人，正在前往亞洲的途中，他要去那裡修理船隻的木頭甲板，然後結束他的環球帆船之旅。他原本期待孫子能與他同船邀遊，但是孫子取消了行程。現在看看眼前要完成的路線，若是有人同行會安全多了，多一個人也更好應付可能出現的麻煩。他樂見我願意成為替代人選。看起來上天都注定好了！我倆一見如故，我也喜歡他的船，那是一艘瑞典 Hallberg Rassy 49，在同等級遊艇中屬於高品質精心製造。

　　只有一個問題：我的艙房小窗如果沒有立刻關上，就會連一條縫隙都打不開。幸好我有一本法文字典！塞進窗子開口剛剛好！字典因此有了用處。

庫克群島（Cook Islands）是我們的下一個目的。這些島嶼官方上屬於紐西蘭，島上也住著玻里尼西亞毛利人。狂暴的天氣把我們吹向美屬薩摩亞（Samoa），而非原訂計畫中的紐埃島（Niue）。在遼闊海域上，人和大自然的力量沒有討價還價的空間。

我們修理好狂風暴雨在甲板上留下的小損傷之後，離開薩摩亞，也終於離開了波里尼西亞三角，這個三角是紐西蘭、夏威夷和復活島連結起來的區域，也是玻里尼西亞人居住的區域。他們強健高大，身上有刺青，戴著花環，會跳一種狂野的「哈卡舞」（戰舞）。「玻里尼西亞」的概念由希臘字poly（多）和 nêsos（島嶼）組合而成，玻里尼西亞人就是「許多島嶼」的人的意思，是太平洋環礁群上三個具有統治地位的部族與文化的其中一支。除了玻里尼西亞人以外，還有住在太平洋西北方的密克羅尼西亞人，族名已顯示他們身材比玻里尼西亞人嬌小。第三個部族則是美拉尼西亞人，族名源自 mela，有「黑」或「暗」的意思。

我們到達了斐濟（Fiji）與萬那杜（Vanuatu），也就等於進入了美拉尼西亞人的領域。美拉尼西亞人的膚色是非洲以外人種中最深的一個，我們卻看到一個奇特的現象，每 10 或 20 個非洲人

外觀的孩童中，至少有一個有淡金色的頭髮！美拉尼西亞人是歐洲人種之外，全世界中金髮比例最高的種族！好吃驚。這與遺傳全然無關。意思是說，對照於藍眼珠，這個特徵並不是起源於西方的祖先，而是獨立發展出來的。

不僅人的外貌開始變得不一樣，發展情形也在走下坡。一直到了萬那杜，我才有總算來到一個鮮少受西方影響的地方，到處都嗅得出探險的氣味！

我們登上塔那島（Tanna）四下走走，我立刻注意到那些木頭建造、棕櫚葉蓋頂的房子都非常原始簡陋；在有貨船固定運送補給的村莊，當地商販擁有砌牆房舍，但僅是少數例外。所謂「街道」是砂土鋪成的，汽車在此地十分罕見，出門去外地只能靠兩條腿，打赤腳或穿拖鞋。男人穿著樸素的短褲和 T-Shirt，大多數女人穿鮮豔的洋裝，或是裙子搭配 T-Shirt。

我發覺這裡很多人無所事事。萬那杜人似乎可以和朋友坐在一起，幾小時不說一句話卻不覺得無聊。這座島嶼的條件讓他們的生活非常舒適：氣候好得沒話說，從不知發抖是什麼滋味；土地肥沃，短短幾星期就能種出足夠的食物，工作約莫三個月就能過上一年，這在經濟自給自足的熱帶不算稀奇。人們在播種與收割時期忙碌，但是在這兩個季節期間，每週只需要工作幾小時。放眼望去是原始狀態的美麗

自然景觀，有山、原始森林、草地和沙灘，沒有危險有毒的動物。有許多好似大浴缸的露天溫泉，有些水溫高達攝氏 100 度，所以當地人連煮飯都不必生火。這一切讓我覺得彷彿身處在安樂鄉。

「如果我沒興趣工作，就連續兩星期啥也不做，」一位當地居民告訴我，「有時候休息更久……」

只要你願意，隨時可以休息？休多久都沒關係？哪裡還有缺人嗎？

西方工業國家儘管全面現代化、自動化，就醫率卻高達百分之 75 至 90，歸納出來原因只有一個：壓力。我有種我們不知道哪裡出了問題的感覺！也許可以學習萬那杜人的生活態度，凡事放輕鬆，獲得一季收成就心滿意足了。

✳

塔那島處處充滿驚奇。亞蘇爾火山（Yasur）是著名的景點，這座火山八百年來依舊十分活躍，大約每 3 分鐘噴發一次，但是力道十分微弱，你甚至可以在噴發的時候（當然是在安全距離內）靠近火山口。我們正有此意！

我們停泊在決心港的海灣。200 多年前，著名航海家詹姆士·庫克指揮 HMS 決心號登上這座島嶼，以船名為港口命名。

我們的遊艇旁還停了三艘別的船，船主都是與我一般年紀的年輕男女。他們是做另類旅遊的新嬉皮，用幾艘舊遊艇創立了一個帆船公社，然後靠馬戲表演、捐款和手工藝品支付路上的開銷。他們的計畫十分獨特，因為船隻維護保養所費不貲，但是到目前為止他們都應付過去了。

我在斐濟島逗留了兩個月。幫挪威人修理遊艇期間，就和這個公社中的幾個人交上朋友。既然有這麼多來自不同國家的年輕

冒險家聚在一起，我們自然很想一起去瞧瞧火山，探看四周環境。

　　一天早上，我們 15 個男女組成一隊，背起背包，從決心港的沙灘出發。有人指引我們一條小路，這條路經過山脊，穿過雨林，直通到下一個海灣。我們的隊中很多人和當地人一樣赤腳走路；路上泥土已經被踩得很實，腳下的土地好像有彈性一樣。小路的兩邊冒出高高的灌木、蕨類、樹木和爬藤類植物，形成一片綠色叢林。蟋蟀唧唧，昆蟲嗡嗡，花草樹木散發出純淨自然的濃郁香氣。

　　越接近山頂，樹葉的帷幕就越加明亮，我們可以看見閃爍發光的海洋。等我們爬上山脊，遇到的當地人就更多了，他們在山上的田地徒手耕作。陡峭的坡地擋下了永遠處於飢餓狀態的豬和其他動物，牠們只能留在山谷裡，收成因而獲得保護。

我們和每個人握手，露出燦爛的笑容。我們無法交談，因為萬那杜有將近 120 種語言和方言。官方語言是英語、法語和比斯拉馬語（Bislama），也就是皮欽語，一種把正規英語簡化、形式不完整的語言。這是殖民時代留下來的。當地人是否能流利地使用這些語言，端視地區而定。

四個腳程較快的人在隊伍前打頭陣，距離遙遙領先。我另外替幾個人分擔了裝備；我已經有很長一段時間都帶著背包行走，因此感受不到重量有增加多少。我們連蹦帶跳越過樹根與岩石，抵達了硫磺灣（Sulphur Bay）。

蹲伏在海灣後方的亞蘇爾火山猶如威震八方的警犬。火山口冒出黑色煙雲，吹過燒焦的區域升上藍色天空。小徑把我們帶往高大樹木生長的地方，那些樹沒有結實的樹幹，看起來反而比較像是盤根交錯的樹根攀爬到樹枝上，沒有留下一點縫隙，直徑有幾人合抱那麼粗。樹冠上住著巨型蝙蝠，當地人稱為「會飛的狐狸」。德文稱牠們為狐蝠，傳達出這種生物很龐大的概念。

「這是我最喜歡的動物。」一位當地人向我吐露。他說的當然不是「最愛撫摸的動物」，而是因為牠們會被做成當地特色餐點中的佐料。

巨樹群後方有一個當地人的村落。婦女每天用捆束的乾樹枝清掃灰撲撲的地面，使得環境看起來十分整潔。豬、雞和狗在細長果樹下四處亂跑，為木頭棚屋的聚落增添生氣。除此之外，這座與世隔絕的村莊出奇地安靜。村子中央有

一條小路通往一個寬闊、光禿禿的沙地廣場，廣場中心有一個很大的風雨篷，旁邊聚集了一群上年紀的男人蹲在灰塵裡。我猜是**村委會**。他們尚未注意到我們，但其中幾位站了起來，我推測聚會剛剛結束了。

「哈囉。」快走到廣場的時候，我在還有一段距離的地方對他們打招呼，友善地揮手。村民驚訝地盯著我們。他們沒有半點不高興的樣子，我反而從他們曝曬出刻痕的臉上讀出驚喜與好奇。一個留著花白大鬍子，灰色亂髮，穿著一件髒兮兮格子襯衫的男人示意我們坐過去。

我們盤腿而坐，與他們面對面，但保持適當距離以示尊敬。我們坐定後又打了一次招呼。揮手邀我們來坐的長老派一個人去辦事，我們等候著，直到他帶了一個 40 歲左右的男人回來。他穿了一件黑色 T-Shirt，棕色短褲，留著短短的翹鬍子。

「這是酋長伊薩克・旺，」年紀較輕的那位用英語介紹大鬍子，「我是飛德爾，發言人。」

在斐濟和萬那杜的一些村莊裡，直接和酋長說話是很不禮貌的行為。所以設有發言人，借他之口與首領會談。這種方式很務實，因為語言太多也太不相同，溝通頗不容易。我們介紹了自己的姓名和國籍，我還說明我們是從決心港來的，想來觀賞火山。飛德爾翻譯給長老聽。

他們問：「你們的酋長是誰？」在這種情況下，人人都會提出這個問題。不是指歐洲。一旦置身太平洋上美拉尼西亞的島嶼，這個問題再尋常不過，因為當地居民都屬於某個部族，幾乎沒有例外。

「他是航行至此地的一艘船的船長，挪威人。」我這麼解釋。他們顯然很滿意我的回答。船長的身分地位符合他們的期待。

該說的重點都交代過後，和我一起來的四個夥伴要求獲得允許，繼續健行，他們想在當天下午登上火山，所以時間有點趕。

我留下來，在這裡等待其他隊友。

於是我盤腿坐在廣場上，面對 20 幾個好奇的原住民，回答他們的問題。飛德爾擔任翻譯。他是政府派駐此地的老師，所以精通英語。「德國在北美洲附近嗎？」

「不是，」我笑著說，「但我們有許多共同點。」

我向他們介紹我的故鄉，又說很多德國人夢想住在和這裡一樣的地方。為了解說，我用小樹枝在沙地上畫一些簡單的圖。

「德國有很多豬嗎？」他們急著想知道，彷彿這是評估一個國家最有說服力的要素。

「你們沒聽說過德國貴族豬嗎？」我故意大驚小怪，掩不住話中隱含的小玩笑。

幸虧他們聽不懂這個笑話。我在大部分國家都被問到德國汽車：BMW、Audi、賓士、福斯，而在萬那杜共和國諸島上，人們問起我們的豬。怎什麼不行？動物在這裡代表資本，也是地位的象徵。擁有很多豬的人不用擔心自己會變窮，或是娶不到老婆。就在不久前，豬甚至是普遍流通的貨幣呢！此外也要用作儀式。想要在傳統部族中提升階級，就得殺豬。聽起來很怪，但是在某種程度上，就和我們捐款贊助村莊慶典交換市長頭銜是一樣的。要取得重要酋長的身分需要屠宰好幾百頭豬。**在這裡開炸豬排餐廳肯定生意興隆！**

「你們為什麼在自己的地方升美國國旗？」我好奇地指著廣場問，一面破爛的星條旗在那裡的一根竹竿上飄揚，萬那杜的國旗插在另一根旗桿上。兩根竿子後面矗立著村子裡唯一一間水泥屋，**看起來很重要**。

「那是向美國致敬，因為約翰・弗魯（John Frum）解放了我們，讓我們回歸我們習慣的生活方式。」

我不確定自己是否聽懂了這位解放者的大名，只好就聽懂的地方發問：「習慣？」

「是我們的傳統生活方式，譬如我們的儀典和卡瓦醉椒（Kava）。此外，我們沒有金錢。我們視需求而給予和收取。」

我有一堆問題恨不得馬上問，但是一直到了挪威船長抵達村子，我們才可以去瞧瞧那間顯然「至高無上」的水泥屋。

「我們在這間屋子裡記載了所有事蹟。」飛德爾一邊開門，一邊對我們預先解說。左邊的粗糙水泥牆上有一幅以火山為主題的巨畫，前面的走道可通往不同的房間。

「在我們的語言裡，亞蘇爾是『神』的意思，」飛德爾解釋，「這座火山是約翰‧弗魯和他部屬的住房。」

「所以，這個約翰‧弗魯是你們的神？」

飛德爾抿嘴發出會心一笑，「約翰是一位聖靈，美國人，威力強大。他說過，只要我們崇拜他，有朝一日他會從火山回來，帶禮物給我們。」

「什麼樣的禮物？」

飛德爾的眼光發亮，「什麼都有！電視、冰箱、大卡車、房子、工廠、船、鐘錶、醫藥、可口可樂……」

我有點明白了：這些人是貨物崇拜的信徒！英文 Cargo 是指「運送的貨物」。第二次世界大戰時有數十萬美軍派駐到太平洋，在各島嶼建立抵禦日軍的基地。那些白種男人在短暫的時間內弄來許多物資，自然純樸的島上居民覺得太神奇了，那些東西皆為他們前所未見，例如罐頭、汽水、收音機、糖果、吉普車等等，其中一部分的貨物是從運輸機上丟下來的，確實是天上掉下來的。因此當地人認為，憑空變出這些貨物來的美國人是魔術師！不然他們怎麼辦到的？

戰爭結束後，盟軍撤防，把那許多美好的東西用推土機鏟到暗礁上，或送給當地人，就在這時候，這個錯誤解讀達到了最高境界。

有人傷心地問：「美國人為何離開我們？」

耆老們已經準備好了一個答案：「他們對我們不太滿意！」接下來的發展是，貨物崇拜在全美拉尼西亞形成，這種思維的追隨者試圖證明自己值得尊敬，這樣美國人就會回來，再送禮物給他們。人們建築橋形碼頭，砍伐原始森林鋪設飛機起降場，甚至用竹子築起高塔，在地面為飛機導航。但他們的期待落空了，大部分的貨物崇拜很快就消失，約翰・弗魯的信徒是最後一批堅守這份信念的代表。至於這個名字，可能來自某位士兵，介紹自己為「來自美國的約翰」吧。

「有誰見過這個約翰・弗魯嗎？」

「有啊，伊薩克酋長。」飛德爾點點頭，指向畫在那座火山上，上面寫著「門」字樣的白色框框。「他通過這個神祕的入口登上了火山，在山上和約翰・弗魯共度了一夜。伊薩克是了不起的巫師，我們沒有人能活著走出火山。」

發言人把我們領入下一個房間，房間內陳列著村民盡可能保存下來的二次大戰遺物：一把 Thompson Kaliber 45 口徑機關槍，一個舊式對講機，以及幾件米色制服。

「2 月 15 日是約翰・弗魯日，每年我們在這一天升旗時，都會穿上這些制服。」**情人節後一天。**「這天約翰・弗魯會回來，帶領我們進入新紀元。」

「塔納島上有多少人還在等約翰・弗魯回來？」

「好多人呢，但我們才是正統，因為我們離火山最近，和約

翰‧弗魯保持聯繫。南方有一座叫做瑤納楠（Yaohnanen）的村子，那裡的人被誤導了，錯把菲利浦王子當成約翰‧弗魯的兄弟。」

「你是說，英國伊莉莎白女王二世的丈夫？」

「對。那個村子的預言家說，他是一位神明，他也會帶著禮物來。好幾年前，有五個村民去英國找他，他在白金漢宮接見了他們。」

這座僅有 30000 居民的島嶼真讓人驚訝得下巴掉下來！不可思議！

＊

接下來幾個小時，我們這團的其他團員慢吞吞的都到齊了。村民邀請我們去廣場中央的風雨篷。每逢星期五，他們徹夜在教堂裡詠唱約翰‧弗魯歸來之歌。我心想，**可憐的人啊！希望他早日歸來！**

篷外圍擺著狹長的板凳，地上鋪著村民用棕櫚枝編成的蓆子。當我們全部到齊後，三個嬉皮帆船手趁機唱起歌來，想為村民帶來一些歡樂。一位來自魁北克的音樂系女大學生在一位法國吉他手和一位加拿大鼓手的伴奏下，拉起一把 160 歲的小提琴。我很難描述村民臉

上流露出來的熱情和著迷，不過短短幾分鐘，這個迷你樂團吸引了全村的人，就在不久前，這座村落還像沒人住一樣呢。「椰子寬頻」——我們這樣稱呼他們快得出奇的溝通方式——立刻把新鮮事傳遍每個角落。男人、女人、小孩，甚至狗和豬都又推又擠地來到篷子前，好像要趕百貨公司週年慶。

他們大概這輩子第一次看到小提琴吧！我和飛德爾在廣場邊觀察這場騷動，順便向他打聽火山的種種。

「你們應該從另一邊去爬亞蘇爾火山，那邊有正式的入口，森林管理員會在那裡收入山費。」

「入山費大概……？」

「每人 3500 萬那杜瓦圖。」

換算起來大概 30 歐元。那幾位嬉皮雖然時間不多，但我猜他們不會願意花這個錢。我跟飛德爾描述了我們的處境，然後他去和酋長商量。

過了一會兒，他用一次點頭表達他倆商議的結果：「告訴你的朋友，你們是伊薩克酋長的客人，今天晚上可以待在我們這裡。等到稍晚天色轉黑，我們指引你們一條通往火山的隱密小路。森

林管理員收的錢從來沒有分給我們，我們認為，拿約翰·弗魯的聖地來做生意本來就不對。」

感謝約翰·弗魯！

幾位音樂家演奏完畢時，飛德爾分給我們一間棚屋，是別人用最快速度騰出來供我們住的。**他們真是**

好客！接著我們和一些年輕人踢足球，還去泡了溫泉。

✳

「把你們的人都叫來，」晚上我們回去時，飛德爾命令我。

這時我已明白，村民把我當成我方酋長，也就是船長的發言人。大概因為我是第一個到達的人吧，所以現在把所有重要事情都交給我處理。

「我們去聚會所，在一個神聖的地方喝卡瓦醉椒酒，然後吃飯。」

這裡的聖地還真不少。「只有男人嗎？」我問。

「聚會所禁止女人進入，」飛德爾話說得一清二楚，「有人會送晚餐到棚屋給她們，你們跟我走。」

於是我們分配好了，五個人跟著飛德爾走到距離村子不到200公尺的一塊斜坡，斜坡後面有一小塊林中空地。除了我們，那裡還聚集了不少村裡的人。

「這就是聚會所，『和平之地』的意思。」飛德爾向我們解釋，示意我們坐在柔軟山坡四個角的樹幹上。

這片山坡大概兩公尺高。有人拿了一把大砍刀給飛德爾，他用來砍下幾根粗壯的根莖皮。這塊山坡想必是這些根莖皮長期堆積出來的。

「萬那杜的卡瓦醉椒酒勁道最強了！」飛德爾對著那些塊莖笑，笑得驕傲又開心。

我在斐濟島曾經見識過這種植物。那裡島上舉行歡迎儀式Sevusevu 時會用上。新來村子的人，必須攜帶曬乾的卡瓦醉椒根給酋長，以示敬意。把它搗碎後可以製成一種飲料，然後大夥兒一起不醉不歸。**這樣才交得到朋友！**

夜的腳步近了，暮色逐漸將我們包圍，蟲兒也發出唧唧聲。

有人在我們旁邊升起營火；火光沿著細瘦的樹枝閃爍，驅走把枝幹伸向我們、猶如長長手指的暗影。

飛德爾挖出根莖時，有人帶了兩個 10 歲左右的孩子過來。兩個男孩身穿長草編成的衣服，在自己前面放一片一個手臂長的香蕉葉；他倆往嘴裡塞兩大塊卡瓦醉椒，咀嚼起來。

「這兩個人在受訓，只有受過割禮，不曾與女人上過床的男孩，才有資格調理卡瓦醉椒酒。」飛德爾向我們解釋。

男孩把綠棕色的漿液吐到香蕉葉上，然後又扔一小顆醉椒進嘴裡，如此不斷進行，直到所有醉椒都嚼碎，堆成兩座小山為止。說客氣些，看起來就像令人倒胃口的稀飯盛裝在香蕉葉上。

我已經猜到接下來會發生什麼事！我不自覺地垮下臉來。一位村民拿了一個盛了一點水的木碗，把第一片香蕉葉裡的東西都倒進一片貌似天然毛巾的大片棕櫚纖維內，然後在碗裡洗那坨東西。那纖維越是搓揉，碗內的水就變得更濁、更綠，直到顏色與濃度都像極了扁豆湯才停下來。我還聯想到其他比喻，但是基於閱讀觀感，我還是別說好了。

男人又倒了一些液體進去，重複剛才的動作，調理剩下的糊狀物。

飛德爾說：「酋長和你先喝。」他把混合出來的東西斟滿兩個椰子殼，遞給我們。

「謝謝！其實不必多禮……」我試著清楚表達這份榮幸，瞅著手中爛泥般的濃湯。我的話聽起來沒什麼說服力，挪威船長也顯得有些不安。

飛德爾注意到我們態度猶豫，幸好他誤會了，他以為我們考慮的是接下來該怎麼做才合宜。「你們走開，眼睛對準灌木叢，然後同時喝乾卡瓦醉椒酒，用力把痰吐到地上，向你們的神祈禱，然後回來。」

好吧，我已經等不及了……

我們站起來，朝林子邊緣走去。我們背對著其他人交換了一次眼神，清楚傳達了沒打算要喝的意思。

「喝了反正不會死人……」我悄悄說。

「不會，應該不至於……」挪威人的回答聽起來頗猶豫。我們仍在思前顧後，但這樣無濟於事。

「數到三？」

「一、二……」

我們同時端起容器，用力吸吮幾下喝光。速度很快，汁液從下巴滴下來。**這玩意不只看起來可怕，味道也很恐怖！**

當碗離開我的嘴邊，我的嘴巴出現一種麻麻的感覺。我們依照剛才的指示，大聲地吐出來，然後在黑暗中沉默發呆。**感謝這次的經歷，我聽從指示向我的上帝祈禱，這一路來我與祂又接近了些。請保佑我們不會消化不良！**

這飲料確實是我嚐過的卡瓦醉椒中最嚇人的，工廠加工過的卡瓦醉椒酒還比較溫和……我的印象是，它在西太平洋甚至比酒精還要普及。卡瓦醉椒酒吧開設在居民稠密的地區。這種毒品很受歡迎，因為人們認為它不會箝制人的身心，只會讓人純粹放鬆，飄飄欲仙，昏昏欲睡，而且隔天不會感覺到宿醉。有點類似大麻。傳統上，美拉尼西亞人、密克羅尼西亞人和玻里尼西亞人都用它來進行宗教儀式，當作醫藥，當然也用來讓人開心。

我們回到人群裡，下一輪的兩個人已經在排隊了，直到每個人都輪流喝一次為止。

「再喝一輪？」飛德爾問我們。

「哦，謝謝，我們希望留一些給你們。」我故作大方拒絕了。

喝一碗就夠了。村民聽到我的答覆都很高興。他們統統喝光後，有人拿來了野芋頭、地瓜和木薯。只吃一小口，不要吃飽，免得減弱了毒品的效果。

「現在仔細聽卡瓦醉椒和你們說的話，」飛德爾建議。

然後就沒有人說話了。我們默默坐在樹墩上聆聽夜色籠罩，連動物的聲息也變小了，靜默戒律似乎也對牠們有效。營火嘶嘶作響，溫暖舒適的火光照在我們的皮膚上。我彷彿聽到遠方的海濤聲，半圓月穿過屋頂的樹葉，如馬賽克般閃閃發亮。漆黑之中，亞蘇爾火山聳立在樹梢上，對著滿天星斗發出神祕的紅光。地面輕輕抖了一下，灼熱的火球射向夜空，接著火山口將之吞沒，還伴隨著一記低沉的隆隆聲。

一位帆船手悄悄地問：「你們有沒有感覺到什麼？」

我們搖搖頭。我們不需要卡瓦醉椒酒讓我們微醺，我已經感覺身處夢境，被周遭事物震懾住。老實說，沒被毒品撂倒，我還挺開心的。夜還很長。

※

推測大概過了一小時，寂靜時段結束，我們回到女性同行者那邊。我們嘴裡咬著手電筒，從背包裡挑出不重要的東西，然後在棚屋前集合。

「準備好了嗎？」一位村民帶我們去小路之前問，「順著這條小路就可以走到火山，然後爬上去。」

「你不一起去嗎？」我很驚訝。飛德爾說過，這個人會帶我們去。

「不，我累了，你們一定找得到路，晚安，」他告辭離去，留我們孤軍奮戰。

一開始我有點失望。但是他說的對：定出方位真的不難，因為根本沒有很多方向供選擇，況且每隔幾分鐘火山便低吼一次，提醒我們它的位置。

一到火山腳下燒焦區域，我們就關上燈，不想冒險讓別人發現。我們的行動是非法的，這我們很清楚。基本上整個點子很瘋狂！幸運的是，你通常不是唯一想出最愚蠢點子的人。

我們在月光下，踩著這個陰森巨人在灰色沙子上的剪影。山不斷地發怒，吐出熔岩燒紅的絲線。大地在顫抖，好似對我們發出警告，別再靠近地獄深淵一步。陰暗的煙雲爬上山巔，投下橘色的光影。我們留心腳下，以免跌進埋伏在四周的裂縫與凹槽中。這些陷阱有如巨大血管的網絡，貫穿整個地區。

「有人！」我們隊中的一個西班牙人低聲說。火山頂上有兩個手電筒發出的黃色光束，太暗了，我們只看得見這個，但隨著光束晃動推測得出，拿電筒的人正匆忙往我們的方向下山。

「是森林管理員嗎？」一位紐西蘭小姐猜。

「別人不可能看見我們，太暗了，」我試著安撫大家，但我很懷疑自己說的話。

我很緊張，想在附近找一個地方躲藏。「走這裡！」我把其他人趕進一個壕溝內，氣候在地上侵蝕出不少孔洞來。我們迅速順著裂縫進入斜坡。沒有人說話，大家都很怕被發現。左右兩邊的山壁陡峭地攀往高處。**這裡和迷宮一樣。**

　　夜晚簌簌的風聲中忽然混進了陌生的聲音。**警察！**

　　「躲起來！他們會經過這裡……」西班牙人小聲說。

　　他們怎麼知道我們在這裡？

　　大地震動，山又跳了一下。這簡直像打仗。我們彎著身子躲在壕溝的側翼，盡量把自己擠進狹長夾層的陰影內。一道暴露行蹤的手電筒亮光此刻已照在我們走過的路上。我們屏住呼吸，沒有人敢動一下。然後一個人影經過我們藏身的入口。

　　並且停下腳步。

　　走啊！繼續走！我甚至覺得我的想法太吵了。陌生的光束對著我們晃動，但又盪了回去。汗水淌下我的額頭。另外

有兩個人影進入視線範圍，他們交談了幾句我們聽不懂的話，然後邁開步子走了。

他們沒看見我們。重重的腳步聲逐漸遠離，我們深吸一口氣，「繼續！」

我們輕手輕腳從溝壑撤離，繼續爬山。我們沒有料想到山路非常難走，我們的腳踝陷入山坡上鬆軟的沙子和灰燼裡。往上走三步，往後滑兩步。為了多點支撐，不久我們便手腳並用地匍匐前進。

火山每隔幾分鐘就搖動一次，把滾燙的熔岩碎片打在我們面前，然後像小雪崩一樣沖蝕入地面。

「爬上一座活火山實在太荒唐了！」來自魁北克的音樂系女大學生笑著說。

「沒錯。」挪威籍船長氣喘吁吁附和，躺了下來，「我爬不動了，我要退出，我都六十好幾的人了。」我們已經爬了半小時了。

「一起走啦！就快到了！」我們試圖鼓勵他堅持下去，雖然黑暗中的我們沒人知道到底還有多遠。

挪威人靠著人幫忙，掙扎地爬起來。有一會兒走得挺順的。但他越來越常坐下，大口喘著氣。最後我們來到一個受岩石崩塌保護的凸起地面。

「夠了！到了我這把年

紀，必須知道自己的底線在哪裡。我早就超過底線啦，」他哀哀呻吟，躺在一塊岩石上，「我在這裡等你們，我走不動了……」

我抗議，「但你不可以錯過山頂的美景！」

他點起一根菸，「年輕人，你仔細看好，我能做什麼。」他用力吸了一口煙，吐煙時很挑釁地雙手抱胸。

他能走到這裡已經很不容易了！我提醒他，「但是我們可能要好幾個鐘頭後才會回來唷！」

「儘管去吧，我會等。」他直視前方回答。

沒有轉圜餘地了。於是我們把船長留在岩石凸起處，吃力地繼續往上爬，緊跟在沒法再等的音樂系女大學生後面。不到十分鐘，坡度漸漸變緩，我們來到一個平台。地上鋒利的玄武岩碎塊像灑在蛋糕上的巧克力顆粒，是山上火箭射彈的殘留物。**我從沒去過火星，但我覺得自己就在火星上！**

只離我們幾百公尺的地方，有毒的硫磺煙從龐大的深淵冉冉升起，深處冒出鬼魅般的火焰。火山一再發出巨響，對著天空拋出火球。我從未見過如此驚心動魄的場面！這才只是火山口邊上嗎？

還得等一下。我不希望有人錯過我見到的奇景。「我馬上回來，我去接船長！」說完我跳下斜坡。**如果他知道就差這幾步路，他會恨自己的！**我加快速度，擔心船長突然決定獨自下山。我趕路時必須很小心，不讓那些多孔尖角割傷我的腿。但是我找不到來時走的路了，從上面看過去統統一樣，灰白、貧脊、險峻。

「船——長！」我揣測應該到達附近時，一連大喊了好幾次。**如果森林管理員就在山的這一邊，我可是犯下大錯了！**腦海中閃過這個念頭。但是我仍然鼓起勇氣再喊一次：「船——長！」

沒人回答。挪威人還是森林管理員都沒理我。**至少我試過了！**風和奇形怪狀的岩石把我的呼喊吞沒，我對著側面繼續喊。**等等，有火光在跳動？**我睜大眼睛，想在黑暗中看清楚。真的，

有一個點閃閃爍爍。**是香菸！是他！**

「嗨，」走近時我打聲招呼。船長抬起頭來，「只走幾公尺就到上面了，現在不跟去一定後悔！」

他反駁，「你們之前就告訴過我了。」

「但現在說的是真的。再走幾分鐘就到火山口！」接下來我卯足勁描繪山上的奇觀，他似乎上鉤了。

「好吧，但如果不是你說的那麼近，救援直升機的費用你來出。」他費力地站起來，然後我們一起爬上山頂。

我們努力爬到平台的那一刻，一股巨大壓力波向我們襲來。腳下的土地在震動，一記震天雷鳴，火山內部噴濺出熔化的火山灰彈頭，飛過我們的頭頂。一記難以形容的巨大爆炸聲，火山第二次對著空中砲彈齊發，上百盞燃燒的燈籠朝著我們落下。

我的心臟狂跳。我們評估了一下，有沒有必要抱著頭往旁邊翻滾逃命？幸虧那來勢洶洶的砲彈沒有射到我們站的地方。腎上腺素飆得好高啊！

我笑著拍船長的背，「火山看到你欣喜若狂哪！」我邊說邊指著前面那個滾燙的坑洞。

我們側耳傾聽，山吼聲中混合著小提琴溫和的琴音，這個聲音讓我們找到了其他人。魁北克女孩坐在離沸騰火山口僅半個手臂遠的地方，專心地拉小提琴，憂傷的旋律有若魔術師，讓周遭力大無窮的萬物都為之神迷，而她（看起來）正準備華麗獻身。**超現實！**我永遠不會忘記這一幕！

「西班牙人和紐西蘭小姐呢？」我和大家打招呼。

「在上面拍照。」法國人指了指幾公尺外一塊凸起的岩石。我的擔心瞬間消失。我接近暴怒中的深淵，往下看，地底下的岩漿像是從野獸咽喉裡噴出來似的。火焰構成的湖面汩汩冒泡，洶湧翻騰，直到再一次凶猛地爆炸，火焰湖貪婪地將獵物埋進湖邊為止。火山口側壁有怪異的影子在顫動，看起來面容扭曲，像醜陋

的鬼臉。

以前這裡有沒有過用活人獻祭？我無聲自問。那些拉扯的影子狀似被擄獲的靈魂，蜷縮著身子正忍受死亡之苦。下面的熾烈火焰如地獄深淵，嘶嘶作響的火苗竄到跟他們的眼窩和嘴巴一樣高，賦予這些可憐的鬼魅稍縱即逝的生命。我全身的寒毛都豎起來了。

人啊，你是誰？眼前驚人的景象支配著我的感官。**你反抗這座火山什麼？這座火山反抗我們的太陽哪一點？我們的太陽反抗銀河系中另外 3000 億個太陽什麼？我們的銀河系也反抗著宇宙中一兆個銀河系？半世紀後我們便被遺忘，沒有人記得你的名字。70 億年後，我們的地球會爆炸，星屑散布在宇宙內。你一點都不重要。**

除非，你對某人很重要。

遠方的哨音把我搖醒。火山熔岩猛烈燃燒起來，火山口在嘶啞的咆哮中搖搖晃晃地升起火焰。毀滅的爆發急促地扣擊山的邊緣。我知道，西班牙人與紐西蘭小姐就在凸起的岩石那裡。

不用問，我們有生命危險。但是之前沒有人認真想過，我們可能會遭遇什麼事。我的心臟劇烈跳動。

「喂！你們還好吧？」我們迎著風大喊，希望得到他們還活著的信號。但是沒有人回答。

過了幾秒鐘，感覺上過了好久好久，稍遠的地方傳來一陣響亮的笑聲。「感謝老天！」我嘆了一口氣。**他們活得好好的！**

又過了一會兒，他們兩個再度與我們會合。我驚訝地看著紐西蘭小姐勾著西班牙人的肩膀，吃吃笑個不停。他一跛一跛，但咧著嘴笑。他的長褲撕破了，血從膝蓋流下來。

「他被嚇到跌倒了，」紐西蘭小姐格格笑著。

「這——麼大一團火山熔岩，」西班牙人誇張地張開他的雙臂，「差一點就要打中我！」他大笑起來，補上一句：「超狂的！」

「你們瘋了！」船長搖搖頭，「你們差點要死了！」

如果生命消逝了，還會有價值嗎？我再一次捲入這個大哉問。我注視火山口舞動的煙霧逐漸變形為細絲線，然後散去。就像四散紛飛的火星，倏忽熄滅。我領悟到，**價值是別人賦予你的，以及你能給別人什麼。在生命離開你之前，就看你如何利用生命。我們如何看待不會消逝的價值？如何看待存在的生命？**

✻

聽起來或許不可置信，但幾小時後我們便習慣了爆炸的嘈雜。我們也覺得冷，山頂太遠，風吹得太淒厲，我們沒法靠腳下不斷吐火舌的爐子取暖。夜很深了，我們踏上歸程，躺在約翰‧弗魯的信徒在簡陋客房內替我們鋪好的棕櫚草蓆上睡覺。

隔天升起船帆前，船長和我各自給了森林管理員 3500 瓦圖，是自願的，藉以表示尊重正式規定，即使我們已經去過了。

我們輕鬆地沿著各島航行。當地居民邀請我們參加村裡的慶祝活動，為我們佩戴花環，表示我們是貴客。許多人送我們水果，邀我們去他們家，而我們幫忙修理電器和太陽能電池板做為回報。

「白皮膚的人什麼都懂。」碰到這種情形，他們常常這麼說。

在馬勒庫拉島（Malekula），一位土著帶我去鄰村，對他當天過世的祖母「致上最後敬意」。我們行經一個海灣，斑斕的珊瑚礁在水晶般清澈的水中閃閃

發亮，海灘上鑲嵌著灌木叢的球狀葉，樹葉綠油油又整齊，濃烈顏色的花朵竭盡妝點這片綠意，讓人以為有個天才園丁花費心思將全部整理過，其中還悄悄穿插了豐饒的作物：地瓜、南瓜、木薯、香蕉、包心菜、玉米、卡瓦醉椒、檸檬，番茄、甜瓜、木瓜、可可和椰子。舒適的房子都是用自然建材蓋起來的。

「你的祖母活了幾歲？」走在棕櫚樹蔭下時，我問帶我來的人。他慢悠悠走著；不需要趕，因為我們也沒有別的事情要做。我吸了一口清新的香氣，四周的田園風光十分賞心悅目。

「我不太確定，」他回答。

「她叫什麼名字？」

他努力想了一下，「這我也不確定。」

什麼跟什麼呀？

一路上我們遇到很多人，全都特地出門要送他們的「祖母」最後一程。**這位仁慈的婦人根本不可能有這麼多孫子啊！或許他們只因為她年老，所以都喊她祖母。**

快走到目的地時，撕心裂肺的哭聲與悲嘆穿過稠密的樹，灌進我們的耳朵。走在通往那間屋子的小路時，一位當地的牧師向我們致意，並且和每一個從他身邊走過的人握手。突然間，我周圍的男人都低下頭去低聲啜泣悲吟，於是我也垂下了視線。**這位女士想必很受愛戴！**

我們來到一座沙地莊院，有幾間棚屋繞著莊院而立。有幾百人擠在廣場上，這些人來自周圍的每一個村子，而且人潮繼續湧入。他們的臉因悲傷而扭曲，尖叫並大聲痛哭，讓我感覺到世界大概要沉沒了。然後我突然生疑：**少了什麼！他們的眼淚呢？**我仔細打量來弔唁的人，到現在才看懂了這齣戲：極度傷心是裝出來的！

好吧，如果必須如此……我用手臂蓋住眼睛，同樣爆發出尖銳的嚎哭。我們大約假裝傷心至極地哭了三分鐘。一位穿著花洋

裝的中年女性，可能是往生者的女兒，給我們每個人一個擁抱，她似乎是唯一真正灑下淚的人。

片刻之後，帶我來的人示意可以退下了。我們和一群男人坐在芒果樹下，一個看不見痛哭合唱團的地方，大家又恢復了好心情。此地的人用這種方式表達對逝者及其家屬的尊敬，我覺得實在很怪；另一方面，這樣製造出來的氣氛讓人毫不羞赧地把情感放出來，甚至有鼓勵人們把憂愁分擔出去的意味。我猜測，**這裡的人若受到打擊，復元會比我們快多了**。還有一件事讓我印象深刻：男人在這種場合痛哭流涕不被視為懦弱。我想起一則漫畫：世上需要一個會哭的堅強男人，還需要一個更堅強的人嘲笑這個哭泣的男人。如此一來，堅強的男人不會痛揍嘲笑他的人。

2015 年 8 月

我們在鄰近島嶼也碰到了有趣的習俗，譬如五旬節島（Pentecost）有一場年度慶典，是紀念高空彈跳非正式的先鋒。參加者從一個 15 至 30 公尺高，以樹枝和樹皮打造成的塔台往下跳，唯一的安全措施是繫在腳踝上的藤條，長度僅夠彈跳者接觸到地面。這是一項讓人跌斷脖子的傳統。

到了埃里皮里圖桑托島（Espiritu Santo），我在背包裡放了兩天健行所需的物品，希望能遇見崇拜吉米·史蒂文斯（Jimmy Stevens）的信徒。他在一九八〇年代宣布這座島是「瓦努阿圖獨立共和國」（State of Vemerana），並且任命自己為總理。當萬那杜宣布獨立，真正的總理擊潰了反叛軍，史蒂文斯因而下獄。

他在一九九一年獲釋，在他因胃癌辭世之前，聽說他娶了兩打老婆，生了四打孩子。他所創的 Nagriamel 運動帶有些微狂熱崇拜的特徵，根據報導，他的追隨者到今天還是只穿一塊纏腰布。我到哪裡才能見到他們呢？

船長陪我走到下一座小城，我們希望能在那裡買到船上一個淋浴設施的零件。事情都辦妥後，我一個人徒步深入腹地。當地居民為我指出方向，估計大概要走 5 到 6 個鐘頭才能抵達纏腰布村莊。太陽高掛天空，腳下堅固的街道不多時便轉為紅色的灰土小徑。房子消失了，取而代之的是濃密的原始森林和貧瘠的牧草場。熱帶樹木的巨大樹幹看起來有古代柱子的味道，我想像著它們曾經是一座雄偉拱門的支柱，現在則是鳥兒的築巢所在。

身後傳來馬達聲，越來越近，我轉頭望一眼。一輛白色小貨車。我閃到路邊，**我要問可以搭便車嗎？**本地人想當然沒見過這種事，我仍在考慮的時候，車子從我旁邊開過，而我的外國臉孔讓駕駛下定決心，停下車來。

駕駛把頭伸出窗外，「你要去哪裡？」

我說：「去吉米·史蒂文斯的村子。」他示意我上車。後方的載貨區蹲著幾個人，都是來海岸這裡販賣自家產品的農夫。他們稍微挪動一些，我於是帶著背包也和他們蹲在一起。小貨車立刻繼續上路，完全無視路上的無數坑洞，也不在乎漫天灰塵對貨物的影響。厚重的風沙吹過來，我們把衣領拉起來掩住鼻子。

「你們有沒有看過一級方程式賽車？」儘管十分嘈雜，我還是問了一圈。

我在幾張黝黑的臉上看到一抹淺笑，我的問題引來了反問。我稍微介紹了一下自己，然後一個長臉、黑皮膚、留著翹鬍子並有厚厚嘴唇的男人對我說：「我是吉米·史蒂文斯的鄰居，今天你就在我家過夜吧。」他的話堅決有力，不太像徵詢我的意願，但我當然很高興。「你想住多久？兩個還是三個晚上？」

「可惜只能住一晚，後天我們的船就要開了，」我帶著歉意解釋。

他滿意地點頭。農夫們到達各自的目的地後一一跳下車，載貨處的空位越來越多。一直到達一座村子的村尾，我倆才爬下車。

我們走在泥濘小徑，沿著濃密的森林邊緣穿過去時，那個人說：「吉米·史蒂文斯一共有 23 個太太。」路上有一間搖搖欲墜的竹舍，門前有個半裸的男人正忿忿磨著他的大砍刀。我對他微笑，他停下手中的事抬起頭來，盯著我的視線更是凶狠。我決定，在此地最好別拍照，加快腳步走開。

「他以前是一位很了不起的酋長，」厚唇的男人繼續說，從他描述吉米·史蒂文斯時的感動可以看得出來，「他屠宰了 1000 多頭豬耶！」

「我的天啊！」這表示**將近 50 頭豬換一個老婆**，我大概算了一下，養豬對我來說是否划算呢？當然只是開玩笑啦！

我的東道主的土地就在小路盡頭，他的家人也住在那邊。這裡只有一間房子，屋頂鋪有波浪白鐵皮，完全屬於他。屋前地上鋪著在太陽下曬乾的卡瓦醉椒，透露了他的生財之道。他獨自擁有這塊土地，住屋旁邊還有六間用木頭和棕櫚枝幹蓋起來的寬敞房舍。雞在院子裡昂首闊步，有人在兩間房舍之間拉起一條彩色的曬衣繩。

「我的親戚住在這些房子裡。」他邊說邊指那些輕結構屋。

「那邊的篷子呢？」棚屋看起像吉米·史蒂文斯信徒的聚會地，屋內確實掛了捻起的菸葉卷，正在晾乾。

他回答：「這是吉米·史蒂文斯舉行儀式的大廳，這裡的每一個聚落一定有一個這樣的地方。」

接下來他為我介紹家人，帶我四處看看。我很失望，因為大部分人的穿戴非常平常，至於那些半裸到處走動的人，是基於文化和宗教信念才如此穿著，並非落伍或守舊。**我覺得好可惜，但對他們來說當然是好事。**雖然路況精透了，簡單的棚屋和戶外爐灶多少讓人感覺這裡很原始，但此地有個醫療站，站內掛了幾張圖，用香蕉來解釋如何使用保險套。

晚上我的東道主帶我去一間卡瓦醉椒酒吧。酒吧在幾根支柱

撐起的屋頂下，裡面有一口調製飲料的大鍋子和幾張板凳。這等規模與我們在塔納島上的初次體驗無法相比。

「當爸爸的在這裡把他們小孩上學的錢統統喝光！」他說，厚嘴唇隨著微笑彎起來。當他看見我吃驚的眼神，隨即向我保證，他當然不會做這種事。

我們喝乾三杯爛泥漿似的毒品，然後在一個暗暗的角落坐下來，好吧，其實每個角落都很暗，因為除了入口一盞紅色的太陽能 LED 燈外，沒有其他光源。一開始有幾位村民和我坐在一起，和我聊德國的足球聯賽，但隨著酒倒入杯中的次數增加，大夥兒變得昏昏欲睡，沒有人想聊天了。氣氛有些低迷。我很高興，我的東道主乾完許多杯之後想回家睡覺了。

長臉男人第二天早上問我，「你看過菠羅蜜嗎？」我倆坐在爐邊，我正用一把生鏽的刀幫他削卡瓦醉椒的皮。

「我想沒有。」我聳聳肩說。

「那好，我現在準備午餐，你去陪我的兒子。」他喊他五歲的兒子過來，用方言給了他一些指令。小男孩穿了一件條紋

T-Shirt，害羞地啃咬他的指甲到處躲藏。當我把他舉起來，他又在我面前興高采烈地蹦蹦跳跳，帶我走過鄰近的一片鳳梨田，再走入叢林。我們順著一條很窄的小徑走，男孩幾次指出樹葉下露出來的鐵絲網，告訴我這個為什麼在這裡，做什麼用

的。我們兩個都光著腳，和本地人一樣。

　　男孩忽然停下，「那邊！」他指著路邊一棵較小的闊葉樹，細瘦樹幹的光滑樹皮上垂掛著黃綠色的碩大果實，長大約 60 至 80 公分。果殼上長滿了小疙瘩。我小心踏過及膝的雜草，爬上去，轉了幾下，摘下枝頭的一顆菠蘿蜜，夾在腋下，動作僵硬的回到原地。我的右腳跟在回來途中被割破了。植物過於濃密，根本看不清楚，感覺像被大砍刀畫了一道。

　　我抬起腳來仔細看，鮮血像從水槍射出來，從腳上流淌而下，四周的植物都沾到了血。我安慰自己**死不了的**，一跛一跛跟著男孩沿來時路回去。我踩過的地方都留下紅色的足跡。

　　回到住宿地後，我的東道主和他的妻子用水清洗我的腳，然後去地產邊緣找來兩種爬藤類葉子，在手中揉碎，然後用力壓在傷口上止血。第一種植物似乎沒有真正發揮功能，因為拿開時，血又從受傷的靜脈噴出來，像一條細線濺在草地上。

　　好像在演電影！

　　「去醫療站如何？」我問。

　　「今天沒開。」長臉男人回答。我忍不住笑起來，想像印在免責聲明中的小字：「星期一至星期五，10 點至 18 點開放，開放時間外血流如注者請自行處理。」就算我再有幽默感，當下也明白，嚴重受傷的人應送到外面治療。假使我受的不是小傷，而是頭破血流，處境還真會不太妙！而且這種事一旦發生，那就……

　　我的東道主拿一種跟腰一樣高的植物梗拿到火上烤，它花萼狀的葉片閃閃發亮。然後他把膠狀的汁液壓緊在皮開肉綻的地方。舒服得出乎我的意料，疼痛舒緩了，血也止住了。接下來，他用剩下的莖和一塊老舊的布做成繃帶。他說：「多留一天吧。」

　　「我辦不到，我們明天一早啟航。」

　　「那麼我跟你一起走，我反正有一袋卡瓦醉椒要賣。」

　　我倆吃過午餐後出發。我們走上泥路穿越森林時，他向我解

釋：「今天小貨車不開。」他把那袋卡瓦醉椒扔過一道柵欄，落在一塊牧牛的草地上，然後自己爬過去。「我們抄一條近路，走田野到下一個汽車會經過的地點。」

「那邊有多遠？」我想知道。繃帶塞不進我的鞋子，所以我和之前一樣打赤腳蹣跚前進。

「幾公里而已。」

幾……公里？要是知道要跋涉這麼長一段路……但我無論如何沒的選。我絕不能對船長失信，讓他延後時間啟航。他或許會擔心我，而且我沒有辦法與他取得聯繫。

「走！」我鼓勵自己，爬過柵欄，瘸著腿走在他後頭。才走了幾公尺傷口就裂開了，血從繃帶滲出來。我盡量不去看。行進的距離越長，繃帶就變得越鬆，最後那塊破布有一半掉了下來。我的小腿肚與髖部因為不尋常的走路姿勢隱隱作疼，遠遠落在吉米・史蒂文斯的鄰居之後。牛糞和泥土鑽進傷口，形成一層外皮。**總算不再血流不止。**燠熱的空氣在地上蒸騰，就在我覺得好像永遠也走不完的時候，終於踏上一條田間小路。

「就是這裡。」長臉男人在一個轉彎處停下來，我則噗通一聲坐在一塊石頭上，倒些水壺裡的水清洗腳後跟。

我們等待著。一直等了快兩小時，太陽躲到地平線的塵霧後方，才有一輛車子開近。我們伸出雙臂希望車子停下來，但是它開走了。

「車上坐滿了人。」我的夥伴很遺憾地咂了咂舌頭。

「每天會有幾輛車經過這裡？」我問。

「這誰也不知道。」他回答。

又過了一小時，我已經在想像晚上一拐一拐走回去的景象之際，又有一輛小貨車開過來。這一回我們運氣很好，剛好有兩個空位。

「你有沒有看見裸體的男人？」搭乘小艇登上沙灘的船長問我。

「不只！我還挨了一刀哩！」說著我讓他看我的傷口。

「我想你學到教訓了。」

「對，都是為了一顆菠蘿蜜，」我笑了。**一如德國詩人柯萊斯特（Ewald Christian von Kleist）所述：「疼痛讓我們感受到愉快，猶如惡魔的作用是讓我們辨識良善。」依照這個含意，此刻我很高興擁有健全的雙腳！我們經常要等東西不見了，才曉得那有多珍貴！**

我介紹了吉米‧史蒂文斯的鄰居，並且邀請他上船參觀。猜想他是村中第一個看過遊艇內部的人！他驚訝地回不過神來，一點都不令人意外。

我們繼續向北航行，在所羅門群島間靈活穿梭。雖然住在這裡的仍是美拉尼西亞人，卡瓦醉椒的消費卻少多了。他們有另一種能讓牙醫嚇出冷汗的習俗：嚼檳榔。從所羅門群島經南亞直至巴基斯坦，甚至包括部分東非地帶，人們喜歡嚼檳榔。西方人鮮少聽過這種硬殼果，它可是繼咖啡、菸草和酒精後，世界上最常用來提神的東西。這是一種容易成癮的物質，咀嚼時會產生類似尼古丁，或者微量古柯鹼的感覺。可惜的是會傷害牙齦，殘敗的牙齒會染成橘紅色。

他們咀嚼的其實是一種棕櫚樹果實，和胡椒的葉子或芽跟溶解的石灰一起嚼。在群島上，石灰經由燃燒珊瑚製成，有些國家的人嚼這種檳榔籽時，還會加進菸草或香料，以提升味道與效果。

「我在這樣的地方生不出孩子來，」船長這麼說，「這些女人的嘴巴因為嚼那個玩意都變形了，激不起我任何慾望啊！」

然而眾所周知，審美觀因人而異。所羅門人無論有沒有牙，人口都在成長中。

✳

我們抵達下一站巴布亞紐幾內亞。嚼檳榔不僅是已深植的文化，即使現在是 21 世紀，巫術、一夫多妻、小規模的同類相食和儀式強姦仍在此地盛行。因此，要注意了！接下來的段落既恐怖又令人錯亂！

剛剛提的風俗習慣幸好在這期間已明顯退潮，但是巴布亞紐幾內亞仍有些部族，譬如桑比亞人（Sambia）或艾托羅人（Etoro）會把 7 到 14 歲的兒子與家人隔離，然後強迫他們長年且規律地為

年長男人口交和肛交。這些男孩應該在這段時間盡可能吸收精液，因為這些部族的人相信，真正的男子氣概會透過精液傳布到他們身上；就像從女性身上吸收母奶一樣。而且，年長的男人認為自己這樣做是為了男孩好，因為人們口中的「性交父親」慷慨無比地出讓自己的男性雄風，將年輕人培訓為令人聞風喪膽的戰士。

德國司法制度會將此判為強姦兒童罪。但是根據人類學家調查，有百分之 10 至 20 的美拉尼西亞部族都曾習慣這種生活，並且心嚮往之。其餘的部族則是對此抱持容忍態度。

打從內心相信精液是男人的仙丹，對於桑比亞人與艾托羅人被強姦的兒童來說，看起來是一件好事。如果這種信念強烈影響了我們的道德觀……也許什麼都不信反而更好？

到底有沒有什麼都不信的人？

有神論者相信有一個神，祂是一切生命的起源，並且是意義、價值、道德、意識、法制、自由以及諸如此類者的根據。還有不可知論者，他們相信人類從信仰中不能知道什麼，因此很確定自己不要去確定。那些聲稱不相信的人又怎麼樣呢？譬如堅定的無神論者？無神論者抱持的也是一種深信不疑；只不過他們信的不是神，而且什麼都不信。關於宇宙起源，他們相信源於虛無。虛無既使沒有宇宙也存在，也就是說，正因為不存在，故而在沒有物質、能量、自然法則、特性、空間和時間的情況下，萬物可以自動自發產生，在某種意義上是如此強大。真讓我們把頭抓破了都不得其解！

「一切緣起於虛無」，一般是這麼說的。研究大爆炸理論的正直無神論者，反駁這種民間流傳的知識，並且相信，萬物緣起於虛無，從虛無產生出虛無。無神論者不願意相信至今科學無法證明的東西。於是，人類起源於一堆沒有生命的原子，至於道德、意義、價值、法制、意識和理性，嚴格說來只是一種幻覺，因為

至今沒有其中任何一種物質可以在實驗室裡找出來。思考和感覺充其量只是謬論和化學過程。只相信科學上能夠證明之東西的人說：「我只相信眼睛能看到的東西。」這句話就科學上來看也可能相當短視。因為我們直至上世紀才發現，我們眼睛所見並非百分之百完整，而是比宇宙可證實瞬間的百分之五還要少。剩下的是暗物質與暗能量，這些是什麼東西我們真的不清楚。到目前為止，這些東西我們看不見，也感覺不到。很可能就在這個當下，暗物質像鬼一樣掠過我們的身體，只是我們不知道罷了。此外，誰又曉得還有什麼是我們完全沒概念的東西呢？

人人都相信些什麼。不相信這句話的人也信了點什麼。正如法國史上最偉大的作家雨果下的結論：**相信很難，但是不可能什麼也不信。**

思考這些大哉問不是很重要嗎？總不能隨便什麼都相信吧？不只桑比亞人和艾托羅人證明了，信與不信會造成極其深遠的影響。因為我們以相信的基礎，回答所有重要的人生問題。舉例來說：**什麼是對，什麼是錯？我用時間、金錢、力量去做什麼？我如何對待他人？我是誰，可以做什麼，不會做什麼？**

我們內在的動力由相信的東西決定。就我以前苦思冥想過的人生意義，我的心得是，生命是一份非凡的禮物，我希望珍惜並且好好過此生。對我而言，這表示我希望盡可能讓自己和別人都快樂。但我現在明白，我把順序顛倒了。截至目前為止，我都是先讓自己快樂，變得強壯，然後有時候也幫幫別人。這段時間以來我理解到，上帝把我帶到這世上，是要我藉由祂變得強壯、有能力，為別人而存在，然後在幫助人之中找到自己的快樂。乍聽之下好像沒什麼區別。但是這種想法確實改變了我，對我來說意義重大。每一天，一直改變下去。

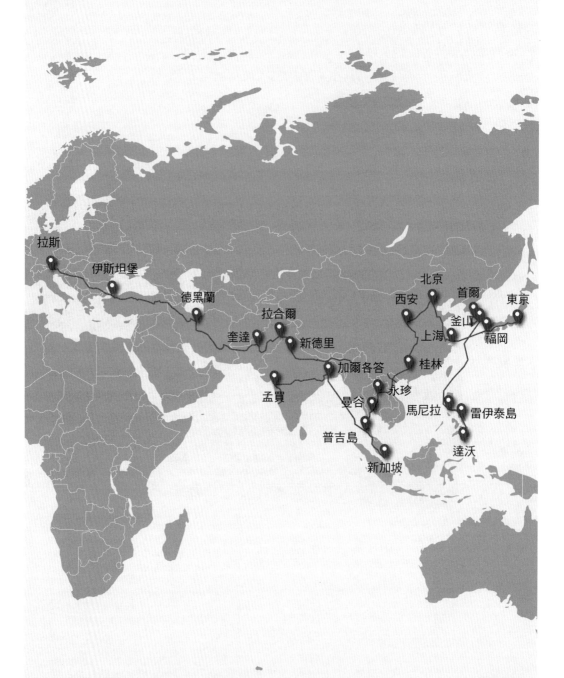

拉斯

伊斯坦堡

德黑蘭

拉合爾

奎達

新德里

北京

西安

首爾

東京

釜山

福岡

上海

桂林

孟買

加爾各答

永珍

雷伊泰島

曼谷

馬尼拉

普吉島

達沃

新加坡

第4階段
亞洲與中東

暴風雨中的海難，在佛寺裡，全世界最好喝的湯，高爾夫球鞋模特兒和實驗室小白鼠，親吻與機關槍

2015 年 11 月～ 2017 年 7 月

我們抵達赤道附近一個地區，我親身體驗到何謂寧靜；因此人們稱這個區域為「無風帶」。這裡的風幾乎呈靜止狀態。因為經過赤道無風帶，我們從巴布亞紐幾內亞到菲律賓的航程就像是連續洗了兩星期的三溫暖，根本不像冒險。但凡事總有一個終點，唯獨香腸有兩端……這還用說！

當我們進入民答那峨島的達沃灣，菲律賓群島最南端時，彩繪小獨木舟從我們的遊艇旁嘩啦啦划過。漁夫在船的兩側綁了兩根竹竿穩定船身，全速前進時把竹竿抬出水面，這樣就不會產生水阻力 —— 我看得目瞪口呆。這種平衡獨木舟快又穩。**多機靈啊！這裡的人當然得不斷改善他們的船，畢竟菲律賓是個島國，船隻是**

無比重要的運輸工具。全球航運業雇用的菲律賓人比所有其他國的人都多。

一艘馬達啪吒響又發臭的船從我們旁邊駛過時，船長說出引人深思的話：「希望這些人不會想要上我們的船。幾星期前，有四個人在我們要去靠岸的碼頭被綁架，其中一位是挪威人！」

「也許他們已經有夠多的挪威人了，」我對他眨眨眼睛。我也稍微打聽了一下，因為我想在菲律賓下船，從那裡繼續前往南韓與日本。我們現在抵達的地區有幾椿攻擊案是伊斯蘭恐怖組織幹的。雖然菲律賓是亞洲國家中基督徒比例最高的，約百分之九十的菲律賓人是基督徒。這是西班牙人 300 多年殖民統治的遺緒。

「很好，你看起來不緊張。你有沒有可能多留一會兒，幫我修理甲板？」挪威人問我。

「這完全要看酬勞多少來決定了……」我要為下一個階段籌一些錢。

✳

抵達幾天後，我開始工作。船長想在歐洲過耶誕節和新年。距離停泊地點只有幾公尺遠，也就是前不久有人被捉去當人質的地方，我在那裡連續做苦工兩個多月，每天在攝氏 30 多度的豔陽下工作八小時。為了不曬傷，我把自己包裹得像個貝都因人。我因為燠熱汗流浹背，一邊想著此刻正洋溢著節慶歡樂氣氛的故鄉，卻也湧上與烤蘋果休戚與共的心情，它們也在遭受類似的非人待遇啊。

我回去後要成立一個組織！「救救烤蘋果」！我想辦法讓自己充滿鬥志，眼前的辛苦便會好過一些。

我的時薪只比兩歐元多一點，尤其在我磨平甲板的纖維玻璃時，令人發癢的碎屑鑽進我的皮膚和肺部，數量不知道有多少，

我非常懷疑這樣的工錢是否值得。這在北歐絕對是剝削！但我沒有別的選擇，因為在菲律賓賺錢的機會實在不多。我曾經在別的國家做幾星期的工，每小時賺不到一歐元。相較之下，我現在的待遇還不錯呢！**畢竟學到了一些人生經驗！**

我上教堂時認識了一個很好客的菲律賓家庭，所以我和他們一起過平安夜、迎接新年。英語和菲律賓語一樣都是官方語言，溝通因此很順暢，但我仍舊基於興趣學了一點地方方言。我很驚訝地發現，不僅很多字詞聽起來很像西班牙語，他們的方言還和遙遠的太平洋諸島語言有些相似之處。譬如方言裡的 Mata 代表「眼睛」，和菲律賓語、斐濟語、毛利語、印尼語和馬來西亞語一模一樣！讀到這一段的人大可拍拍自己的胸脯，因為你現在會用 70 多種不同的語言說「眼睛」這個字了！可喜可賀！

為什麼這個區域內的語言如此相似？偏遠諸島上的人究竟從哪裡來的？南非東南方海域上的馬達加斯加和南美洲智利以西外海上的復活節島，兩地的位置堪稱分處地球兩端，但卻有共同點：居民具有相同的起源！因為大約西元前 3000 至 4000 年前，中國沿海勇敢的漁夫出發去台灣，在那裡住了幾百年，發明出建造獨木舟的技術，然後用第一批打造出來的獨木舟展開一場稱為「南島語擴張」的移民行動。他們取道菲律賓，往太平洋東側海域邁進，再從西側經印度尼西亞進入印度洋。西元 500 年左右，他

們幾乎同時分別在復活節島、馬達加斯加住下來；不輸給和哥倫布的航線，但是提早了 1000 年！雖然復活節島和馬達加斯加相隔了大半個地球，但是復活節島上的居民說 Rua 代表數字「二」，馬達加斯加人說的是 Roa。

只要和當地人略有交流，就能發現這些前後相關性的蛛絲馬跡，實在太神奇了！如果之前沒留意到這一點，至少我現在領悟出來了：**世界是座地球村！**

＊

我把甲板整修完，交給我的船長，他表示很滿意，之後我立刻和這位與我共度將近九個月的老挪威人道別。我還得耐著性子起碼等上兩個月，前往韓國與日本方向的帆船季節才會到來。每年這個季節非常短暫，而且僅有少數幾艘船前往這個方向；要找到願意載我的船，運氣要好得不像話才行！

這期間有一篇訪談我的報導登在《焦點》（Focus）新聞周刊上。過不久，我在臉書上收到一位名叫米雪的德國大學生傳的訊息：「我覺得你正在做的事情真好！」

我回她訊息，她又寫來，於是我倆通訊的篇幅很快就變得越來越長。只要時間允許，網路也暢通，訊息很快就能從地球這一端傳到另一端。

我還有點時間，於是在不久前遭強烈颱風侵襲，變得荒蕪一片的雷伊泰島（Leyte）當一個月的志工。有一天，在我們的輪休日，我在那裡結交的一個菲律賓人帶我去附近的海灘游泳。我有沒有想過當明星是什麼滋味？這天下午發生一個有趣的誤會，促使我產生這個想法。

　　　　　　　　　　　✻

　　「那邊還有空位！」我指著一個空的停車位。幾十輛車在軟軟
的沙地上排排站。早上下過雨，但這會兒太陽出來了，沙灘小徑
熱帶植物葉子上的雨滴被照得晶瑩剔透。我的菲律賓朋友把他的
白色 Ford Ranger 開進空位，熄火。我們在塗色玻璃的保護下換
上泳褲，下車，站上濕濕的小徑，然後砰一聲關上車門。空氣好
清新，身後大海的浪花隨著搖滾節奏上下翻滾。我們腳踩著夾腳
拖，濕潤的小石子嘰嘎作響。

　　「他們在沙灘上辦衝浪嘉年華。」我們在水邊漫步時，我的朋
友告訴我。他就算在菲律賓人中仍是小個子，但是肌肉很發達，
髮型很時髦，下半部的頭髮全剃光，其餘的頭髮束成一綹日本武
士的辮子。「想不想去看一下？」

　　架在沙丘上的舞台有三個把棒球帽倒著戴的菲律賓人，他們
正隨著很重的低音箱震動起舞，舞台前擠滿了幾百位當地人。

　　我搖頭，「也許晚一點過去，我們先游泳吧！」

　　說完我輕鬆地跑起來，菲律賓人超過我，最後我們比賽短
跑，一直跑，跳進浪花激濺的水中。泡沫沖上我們的臉，鹹鹹的
海水滋潤我們的嘴唇。海面上吹起一陣強風，我們感受到海面下
的水流，彷彿有人不斷把溫暖的水放進浴缸！最棒的是：水裡只
有我們兩個人！一整個海岸區都是我們的，因為其他人都去看表
演了。洶湧的浪濤來自四面八方，以穩定的節拍沖刷我們，我們
沉醉了好久好久。

　　一陣較大的碎浪打過來，當我再浮出水面，正揉掉發疼眼睛
裡面的水滴，一個衝浪者游自由式從我旁邊經過。我舉手致意，
他友善的點頭回禮。

　　「克里斯，」我的朋友忽然在後面喊，「我們上岸比較好喔！」
　　「為什麼？」我轉頭過去，「你覺得水太冷嗎？」

他指指沙灘。表演結束了，岸邊站了好多人，一排又一排，「別讓他們以為我們是衝浪選手。」他淘氣地笑了。

「哦，你說的對！」我附和。我們拖著腳步踩過冒著白泡沫的水走上沙灘時，我摸了摸手腕找綁頭髮的橡皮筋，但沒摸到。一定是游泳時搞丟了。我的金色長髮垂在肩膀上，土耳其藍與白色相間的泳衣貼在身上，每一塊肌肉一目了然。剛才和我打過招呼的衝浪者已經在我們背後完成了他的第一回合。我隱隱有些羨慕。我說什麼都想嘗試的名單上，衝浪可是排在前幾名呢！我打量站在沙灘上盯著海水的人群。咳？我很尷尬地確認一點，他們並非瞄準在我們後面的衝浪者，而是我！也許他們正想著，我是參加這場比賽的唯一一個外國人？**我這輩子到目前為止，連衝浪板都還沒站上去過一次哩！**

「大家都在看你。」我的朋友附耳過來。

「我知道！我該怎麼辦？」我激動地低聲說。

「待在水裡為上策！」他建議。

「你不是才說……」我正要抗議，他打斷我，「沒錯，但你

瞧！」

一位手拿麥克風的女記者和一位攝影師在我們前面就定位，就等著我們上岸。喔，不要！我們待在水裡，匆匆瞥一眼不遠的圍觀者，就好像《海灘遊俠》裡蹩腳的年輕救生員。有幾個人吹起口哨，還有人拿手機對著我們錄影。

好尷尬！快走吧！我們一甩開那位女記者立刻跑上岸，往越野車的方向跑。當我們到達那群人中時，有個女孩用手摀著嘴，歇斯底里尖叫。拜託別叫！四周有幾個人擠過來，想與我自拍合照。看起來像骨牌，其餘的人也快要接連倒下。這時在我周遭炸開的混亂或許能說服世界上最後一位懷疑論者，都是因為他們以為我是有名的衝浪明星。**誤會大了！**

一大群年輕人蜂擁而上，我絕望地喊：「我現在應該怎麼辦？」

「你現在必須打滿全場，」他笑了，「我去車子那邊等你。」

「什麼？你怎麼可以把我一個人留在這裡！」我舉起一條手臂，拚命從幾位亞洲人身邊往前擠，好趕上我的朋友。

路上有一群漂亮女孩跳出來，「只拍一張，先生！」我嘆口氣，身子蹲低，和她們在同樣的高度拍照。我錯了！因為後面的人開始尖銳地大叫，有更多自認的自拍攝影師受到瘋狂的群眾鼓動把我圍起來。**救命！我的保鑣呢？**當地人為了靠近我，在我四周推來撞去。要不是我比他們高出一個頭，恐怕早就沒辦法呼吸了。我徬徨地奮力向前擠，人群又狠狠地把我推回來。我逼迫自己擠出一抹微笑，免得我在數不清的照片上樣子太難看。

　　「和我拍一張，拜託！」一再有菲律賓人拿他們的手機打中我的鼻子。

　　「您哪裡來的？」其他人問。

　　「德國。」我說，人群發出熱情的歡呼。

　　「先生，上一屆世界小姐的母親是菲律賓人，父親是德國人！」一位眼珠閃著光的女孩為我解釋。

　　唉，出乎意料啊！我一隻手遮住眼睛，繼續往前擠。我越是強調自己與衝浪沾不上邊，有越多的人拍到照片，情況也就漸漸稍緩下來了。最後我殺出重圍，倉促跟在我的朋友後頭，一起逃到他的白色小貨車。

　　「怎麼，你想走啦？」菲律賓人大笑。真愛說笑！他咯咯笑著發動引擎，「除了好萊塢大爛片之外，他們上哪裡去看見長得像你這樣的人哪？」

　　我們的車沿著沙地往下開，就在汽車停成一條長龍的地方，兩台拖拉機駛近，每一台都拉著一輛學生坐的長拖車。我的朋友按了車窗按鈕，把我這邊的染色玻璃窗打開。

　　「怎麼啦——不行，我……」

　　「來吧！」他對著我笑。和第一台拖拉車並行時，他把速度降到跟步行一樣慢，「現在！」

　　我笑著把頭伸出車外揮手，我的朋友按喇叭助陣。「哈囉——！」

先有幾位菲律賓人看見我，高聲尖叫，然後斜斜探出身子，想用手摸我一下。其他人受到鼓動，也跟著對我大吼大叫和吹口哨。

在駕駛座的朋友笑得腰直不起來！「再來一次！」他笑得眼睛噴淚。經過第二台拖車時，他又踩了煞車。

這一班的小學生已經因為別班發出的噪音而提高警覺。我把頭伸出窗外時，什麼都不必說，全都因激動而暴動起來！他們又跳又叫，我擔心有些人就要從車上掉下來了。我也擔心我的朋友，他像抽筋一樣嘶喊，撞上了方向盤。

「天啊！」他猛吸一口氣，「我們為什麼沒有把這個錄下來？」

※

以前我總以為亞洲人比較害羞。其實不是這樣，你若體會過他們的熱情就知道了。每個曾經和亞洲人唱過卡拉 OK 的人一定懂得我的意思！就算最瘦弱、最靦腆、戴著眼鏡的人，在卡拉 OK 裡面也會變成搖滾歌手！戴眼鏡的搖滾歌手！若是問我，相形之下，布魯斯·班納博士變身成浩克太平凡了。我說的一點也不誇張！

除了卡拉 OK 和德國衝浪傳奇（咳咳）之外，菲律賓人還熱愛什麼？籃球！

菲律賓人熱愛籃球，一如德國人癡迷於足球。幾乎每個街角都掛著一個臨時的籃球框，小孩子從小就練習投籃；在沒有街道也沒有籃球的地方，居民會在棕櫚樹上結一個電纜環，把椰子投進去。**只要想打球，就能變出籃球來！**

但是，說這個會讓我心痛：這種愛很悲慘！菲律賓人固然熱愛籃球，籃球卻不愛菲律賓人。這可以想見，因為菲律賓男性的平均身高是 162 公分。所以菲律賓在國際籃球賽場上只是個配

角。即使如此，他們絲毫不減熱情，這又讓我驚訝不已。

· · · · · · · · · · · · · · · ·
2016 年 2 月
· · · · · · · · · · · · · · · ·

　　之後我去了菲律賓首都馬尼拉。和我一起去海灘的朋友的父母和手足款待了我幾星期。他的母親是牙醫，「anak，你離開之前，我要檢查你的牙齒！」Anak 是兒子的意思，他們真的都變成我的家人了！她不僅清掉幾個深蛀的地方，還拔了我的智齒！完全免費！那些智齒有可能會在未來幾個月內為我帶來麻煩，甚至有可能影響到接下來的旅程。**我一路上一直碰到貴人，我想必能在萬那杜當一名偉大的酋長！但願一直這樣下去！**因為眼前我要找船，迫切需要幸運之神降臨！

※

　　「進來！」我壓下門把，走進蘇比克灣遊艇俱樂部的港口辦公室。這裡是菲律賓最北端的碼頭，所有航向韓國或日本的船很有可能會經過這裡。

　　「我可以為您做什麼服務？」一位坐在我右邊一張辦公桌後面的男士問我，我的左手邊是大一塊落地窗。我們在三樓，透過窗戶可以將整個碼頭盡收眼底。船在水中輕輕晃盪，依稀可以聽到繫在桅杆上的纜繩發出金屬的啪啪聲。

　　「我可以在遊艇上幫忙，」我介紹自己，「有哪些船過不久要開往東北方？」

　　辦公桌後面的男士笑了起來，「開去？」他站起來，走到落地窗那裡，「你有沒有看見很多船？」

　　「有啊。」我又沒瞎。

　　「那麼，你看到很多人了嗎？」他又問。

「什麼樣的人？」我錯愕地反問。除了幾位菲律賓清潔人員之外，港口空蕩蕩的。

「對極了！」說著他回到辦公桌前，「大部分的船停泊在這裡，船主每隔幾個月才會來度週末。」

「所以這裡沒有人要去我想去的方向？」為了弄清楚，我鍥而不捨追問。

桌子後方的男士點點頭，「你可以去貼紙條，看看有沒有人會來。」

「您估計，」我提出下一個問題，「每年有多少艘遊艇從菲律賓開往韓國和日本？」

「從菲律賓全國各地嗎？大概三、五艘吧，也可能更少。」

我的天啊！三、五艘？！

在來之前我已有被潑冷水的心理準備。旅途中不斷會遇見一堆破壞美夢的因素，這些人或情況會想說服你，你想做的事是不可能的。他們通常會說，「這行不通的」、「從來沒有人嘗試過！」要不然就說：「已經有人試過了，但是沒成功！」我已經習慣了，不太會受這類說法影響。如果他是對的，我的機會看來會比原本揣測來的更渺茫。

儘管如此，我還沒有打算放棄！「往東北方向開的遊艇，什麼時節會停靠在這裡？」我繼續打聽。

「就是現在。我能給的最好建議，是月底即將上場的香港勞力士帆船賽，說不定會有一艘來自日本的船。」

起碼有一線希望！我謝謝他，走出辦公室，然後跑到船塢。**幸運沒來敲門嗎？那就做一扇門！**說的真好。我現在要盡可能嘗試，親自登上每一艘船拜訪，建立起聯繫。

勞力士帆船賽來到前，我差不多每天都泡在遊艇俱樂部裡，盡量多認識一些人。晚上睡在海邊的一座公園內。當然不是絕對沒有安全問題，但是有一對上了年紀的夫婦經年負責打掃公園，

他們住在公園邊上一間棚屋內，他們讓我的行動少了一點顧慮。

他們說：「把你的吊床掛在我們家旁邊有燈光的地方，大概就沒什麼好擔心的了。」我照例把背包裝進一個垃圾袋，放在吊床下面。

✳

「對，有一艘從日本來的遊艇！」一艘賽艇的英國船長給我情報，他和三十多艘參賽遊艇從中國來此，和大多數人一樣，還要參加一個當地的帆船比賽。我混進帆船比賽的歡迎活動，想多認識一些帆船手。「你要動作快點。」英國人俯身向白桌布，「明天一早日本人就要離開了。」

「哦，他們一定不缺人手。」我失望地猜測，消沉地靠回椅子內，眼睛瞪住天花板。情況不太妙！我說的不是布置，布置得好極了！我們所在的亭子用高貴的白色裝飾，頭上有燈籠發出微光，越過人工修剪過的灌木叢，月光照耀在黑色海水上。

他微微一笑，好像知道如何解決我的問題。「但不管怎樣，今天的蘭姆酒是免費招待！」

這不是我所期待的回應，但我依然報以微笑，「謝謝，還有別的點子嗎？」

「如果，」他建議，「你先去香港，然後去台灣，如何？也許你在那邊運氣比較好。」

這我也已經想過了，但我搖搖頭。「去香港的帆船人手都已經夠了。」

英國人此刻認真起來，「別這樣！別那麼快就放棄，每個人都有手氣不好的時候，但是阻礙很少會成為失敗的主因。大多數時候是因為對自己和能做的事情信心不足。」

我正在思索著這句話，和我談話的人目光對準了自助餐的小

瓶烈酒，然後說：「我想我還能再喝兩瓶，你呢？」

唉，這些帆船手！

✳

第二天我起得很早，不管怎樣都去日本人那裡碰碰運氣。正如我的猜想，他們不缺船員，然後他們起錨，我不在那艘船上。我沮喪地站在防波堤上，拉長臉看著那艘遊艇揚帆離去。

又關上了一扇小門。我真的需要一個小小的奇蹟。即使會有其他的船來，他們也不一定會需要增添人手。**阻礙很少會成為失敗的主因，**我咀嚼著英國人的話。**他說的對，我不該成為自己的阻礙！**

每當碰到這類走投無路的情況，我就和幾位朋友聯絡，拜託他們幫我祈禱。無論禱告有沒有意義，也不管你信不信，對我個人而言，禱告曾經帶來不可思議的經驗。

此外我去應徵了當地帆船比賽的助手，以便和更多人建立聯繫。別站在原地不動，而是採取行動，做些我能做的事情，這讓我重新燃起希望。有誰想得到？僅僅一天，我就等到了我想要的奇蹟。

「我想介紹一個人給你，」我在遊艇俱樂部前廳遇見一個豪華遊艇的俄國船長，「他們剛從泰國過來。」

通過一扇旋轉門，我們踏進金碧輝煌的俱樂部。這家俱樂部也是一家飯店。前廳的地板鋪設沙色大理石，中間有一道通往樓上的寬敞樓梯，樓梯上鋪著綠色地毯。四根白金柱子，其中兩根柱子前擺著舒適的桃花心木沙發椅，上面套淺色的天鵝絨。一位塊頭很大、頭髮又黑又直、臉孔稜角分明的男人坐在一張沙發椅上，正在打電話。我們等他講完電話，他站起來和我們握手，然後我們都坐下。

「這個年輕人想在一艘開往南韓的船上找份工作。」豪華遊艇的船長開門見山。

直髮的男人凝視我，臉上沒有笑容。「很不錯。」他說，但是表情依舊冷漠。他也有濃重的俄國口音。「你會駕帆船嗎？」

「會，」我回答，「我已經駕帆船遊歷三分之二的世界了，而且我工作是不要求薪資的。」

直髮俄國人的嘴角撇了撇，這是他臉上第一個我能觀察到的反應。「我的老闆應該會喜歡。」

聽起來卻不是這麼回事。他的語調沒什麼熱忱，我聽了皺起了眉頭。

兩位男士用母語聊了一會兒，然後直髮男人轉向我：「我們的遊艇要運到韓國參加比賽，過幾天船長會從海參崴過來，然後你們就可以出發了。」

「你們？」我驚訝地問，「您不一起走嗎？」

他又撇了撇嘴，然後指著一旁的手機，「我剛剛問過了，某個冷酷無情女人的兒子不打算付我錢！」這解釋了他為何心情惡劣。「對我是壞消息，對你是好消息！」他瞇著眼睛說，「什麼時候上船，我會通知你。」

2016 年 4 月

從海參崴來的船長一抵達，事情便進行得很迅速。風向看起來很有利，而且我們不想浪費時間。在幾星期內還不太可能會有颱風，但是可能會有破壞性很強的暴風雨突襲。越能利用好天氣出航越好。

於是我們第一天就繫緊了帆，加滿油，張羅了將近 100 公升的蘭姆酒藏在船尾。

「我們買這麼多酒做什麼？」我的問題有點天真。

「給一個朋友的。」俄國船長邊說邊眨眼，順道提醒我，這不能讓海關看見。

船長 50 出頭，一頭斑白的鬢髮和短髭。他的微笑很迷人，雖然有個小肚腩，身手卻很矯捷。與他搭檔可以天不怕地不怕，走私蘭姆酒也行。另一位船員也是俄國人，年紀快滿 50 歲，身材結實，具有口無遮攔的幽默感、頭腦聰明又樂於助人。可惜他把錢和時間都花在酒精、香菸和妓女上。**聰明未必等於有智慧。**

我們的遊艇是為比賽設計的，一離開海灣，便以輕快的七節速度奔往北方，直到台灣附近海域時，我們大部分時候都還穿著短褲。但接下來的氣溫越來越涼爽，我們穿的衣服越來越多層，證明我們正神速前進。

我們只花了五天就經過日本沖繩。沒有比這個更順利的了！

但是到了第六天，船長傳來壞消息。「一個暴風圈已形成，」他把透過衛星電話得知的氣象報告轉告我們，神情很認真，「我們走韓國濟州島路線，可以在那邊躲兩天。」

「但去濟州島還有 300 海浬！」我插口說。

「是呀，時間緊迫，」船長承認，「我們把速度調到接近八節，40 小時後就能抵達了。」

這期間我們都換穿保暖衣物。風和浪從船頭打來，遊艇一直很不穩定，浪花不斷地濺入駕駛艙。不太舒服，但還是很有意思！

遇到這樣的天氣狀況，沒人想端出複雜的菜餚。我們於是用露營的小爐子，很簡單地把幾袋蕎麥加熱。俄國人管它叫蕎麥泥，我們加入牛奶和糖吃。

到了晚上颳起大風，必須要用馬達來支撐船。船長很擔憂。趕在暴風雨來襲前抵達濟州島的時間越來越少，現在可不容許半點差池。

凌晨一點時，那位結實的俄國人把我叫醒：「推進器停擺了！」

　　不！現在不要出這種事！我睡眼矇矓地爬起來幫忙，但是心裡很震驚。我們花了一個多小時徹底檢查驅動裝置，沒能找出故障原因。此刻的時間很寶貴，因為我們的時間不多了。直到我用手電筒去照船尾黑黝黝的水時，才找出了問題，而且我嚇了一跳。初看之下，螺絲上好像掛了一條長長的頭髮辮子。水中浮屍嗎？南中國海上確實有海盜出沒。中國東海也可能有海盜呀！

　　進一步檢查後，找出了我們受困的原因。我鬆了一口氣，大聲對其他人說：「是海藻啦！螺旋槳卡住了！」

　　我們用艇鉤搆到那個海中植物，將它拉出螺旋槳。但我們沒有高興多久。

　　「又來了！」推進器再次卡住的時候，船長氣壞了。這一次我們搆不著海藻，一直到破曉後才放棄，靠著微弱的風以及僅有的

三節速度前進。**也只能這樣了！**

這天夜裡，兩個俄國人幾乎沒睡，於是我白天獨自駕駛遊艇。四周濃霧瀰漫，有如一座灰色的鐘罩下來，連海水和空氣都讓人覺得寒冷。甲板上有數不清的凝結水滴，像是鋪上一層閃爍的面紗。

中國東海確實不同凡響！我覺得，雖然我們離陸地超過150公里，但船下的海床異常平坦，只有100公尺深。大海呈綠色，大面積的紅褐色海藻像一大灘血漂浮在海面，此外還有成堆的垃圾與漁民用過的浮標。不時會有中國機動漁船鑽出海面上朦朧的牆。**船身鏽得一塌糊塗，居然還沒有沉下去！**我感到驚訝，他們在這麼淺的地方能捕到魚也很不可思議。我們的無線電顯示，附近有幾十艘亞洲拖船。

過了一夜之後，變幻莫測的天氣變得風平浪靜。我們悄悄潛入潮濕的霾雲中，偶爾下一陣雨，除此之外一片死寂。**暴風雨前的寧靜**，我想，儘管到目前為止看起來不像會有暴風雨。這裡的感覺很詭異，像是被困在一碗乏味的湯裡。我想像著中國漁船甲板上的景象。**漁民們是否正就著沾滿油污的燈，大口吞下醬油米粉？**那些男人大半生都在這片海域上。我希望有機會問問他們，我們會遇到什麼？

❋

黎明的曙光尚未衝破黑暗，繪圖儀上代表四周船隻的小三角形突然消失了。**啊，他們都知道！**唯獨我們留下來，無法抵達安全地帶。

這天早餐時吃的雞蛋味同嚼蠟，也許忘了加鹽，也許我們正焦急地等待即將發生的事，壞了我們的胃口。光滑的海水溫柔地打在遊艇外殼，我們默默盯著濃霧，太陽已經被它吞沒好幾天了。

突然下起雨來。「那邊！」結實的俄國人舉起一隻手，稍遠處的海水開始顫抖，像一股寒顫震盪過海平面，攫住我們的船，水像冰冷的手指拂過我們的頭髮。**風！**氣流繼續增強，驚醒了沉睡的浪濤，生龍活虎地抽打起來。

「收大帆，升大三角帆！」船長緊急下令。大海恢復了生機，他要我們全體到前甲板。

我們依照命令行事，帆被吹漲得飽滿，我們的船頭在極短時間內衝破了泡沫四起的海潮。浪花噴濺在船前端那張大三角帆四周，亮橘色的帆像對著晦暗的灰色發出警告。水流已經把螺旋槳沖刷乾淨，所以縱然天候惡劣，多虧多了這股推進力，我們可以好好控制船。我驚訝地觀看這場大自然表演，我從沒看過這麼迅疾極端的變化。最後我不敵疲憊，看起來也已經沒事可做，於是走下甲板。終於可以小睡一下了。

※

砰！那是爆炸聲嗎？我迷迷糊糊坐直，卻立刻被一股突來的撞擊推倒。廚房裡一個放餐具的抽屜叮鈴噹啷從架子摔下來。**什麼……？**甲板邊緣再一次遭到重擊，大海好像想鑿開我們的船。玻璃纖維牆在劇烈撞擊下嘎嘎作響。我半睡半醒地穿上救生衣，繫緊，跟蹌爬進交誼室，裡面一片混亂。所有沒固定住的東西，轟隆轟隆飛進一個小水漥內。一袋袋米、麥片，塑膠杯、碗，連很重的茶壺也沒有倖免。我的心臟激動跳躍，腦中殘餘的疲憊因而瞬間消失。

其他人呢？我爬上階梯再爬進駕駛艙。夜裡伸手不見五指，怒號的風拖著帆具，暴怒的海水沖打舷欄杆。

「喂！都還好嗎？」我對著咆哮的風大吼。沒看見其他人，我的眼睛需要適應一下黑暗。黑暗中有人用俄語咒罵了幾句回答。

感謝老天！顯然大夥兒都沒事！但還能撐多久呢？從眼前的景象看來，暴風雨至少讓我們傾斜了 45 度，還有雷霆萬鈞的波峰推波助瀾，傾斜程度甚至每分鐘都在增加。在駕駛艙迎風面上面，也就是強風侵入的那一面，我認出了船長的身影，他一手緊抓著救生索，另一隻手抱著舵柄，嘴裡不斷吐出咒罵，罵到我懷疑他到底有沒有專心掌舵。另一個俄國人在他前面，正在絞盤上掛帆腳索。

「我們外頭的帆太多了！」我大聲對他們兩個說，否則無法解釋為什麼傾斜得這麼厲害。

「蛤，什麼？」結實的俄國人怒氣沖沖對我吼。

太好了，現在你們知道了。我扣緊背心，然後從遊艇很陡的側翼爬到另一端，好觀察局勢。一道冰冷的巨浪立刻當頭澆下，強風隨著捲起一道滔天巨浪猛打船身。我咬緊嘴唇，免得像兩位俄國人一樣口不擇言。

為了減輕帆上的壓力，我們盡可能讓主桅放到水上，和水面只相距幾個手掌寬。如果它沉入水中，我們的桅杆就會斷掉。為什麼收不了主帆現在很明顯了：在呼嘯的海上，主帆離甲板很遠，而且船傾斜得很嚴重，想要接近主帆無異自尋死路。以現在的能見度，落水的人不僅找不到，還會馬上失溫溺死。力大無窮的暴風雨可以撕碎帆布，這樣就沒有人能去把帆收下來。**帆的面積要是過大，遇上暴風雨可是危險得不得了！**

「你們有沒有試過迎著風向駕駛？」我問船長。這是唯一可以接近主帆的方法了。

滿頭白鬢髮的船長咬緊牙關，然後把舵柄推開一些，讓船頭迎風航行。我已經準備好要快速爬上桅杆收帆。每次一減速，風勢就立刻變本加厲。震耳欲聾的呼嘯更勝於前，狂亂的氣流穿過帆具，呼嘯變成了尖銳嘶吼。這時處於浪尖上的艏部隆隆震顫得厲害，我很擔心船即將解體。海水翻滾上甲板，拍打著我們溼透

的身體。寒風刺骨，我不停地打哆嗦。

「算了吧！」船長大聲說，然後把船頭轉回來，「這樣只怕會毀了船首！」

我們被甩回先前的傾斜狀態。戰略失敗。

「多謝。」結實的俄國人轉頭向我，此刻他大為光火，用空著的那隻手抹掉噴到臉上的水，補上一句：「……你的毫無作為！」

我理解他為何惱火。我的橡膠雨靴已經變成了水族箱，手指和腳趾都凍僵了，神經麻痺無感，在外頭待更久的兩個人狀況會比我好嗎？雖然如此：只要風勢繼續增強，帆具可能會破裂。或者是遊艇翻覆，我們滅頂，沉入海底。在暴風雨中轉舵固然令人恐懼，但看在我眼中仍然是正確的方法。

有時候，不冒險寧可等待，風險反而最大。積極的人改變局面，被動的人被改變。如何脫身，取決於我們。亞里斯多德曾經說過：「我們改變不了風，但能把帆換個方向。」

現在不是思考哲理的時刻。「如果我們稍稍減速，然後……」我試著提出新建議。

「夠了！閉嘴！」帆腳索旁邊的俄國人打斷我。

我沒想到現在變成這樣。我求助地望向船長，他手握舵柄正輕聲咒罵，很明顯不想參與，集中精神做別的事情。我不安地坐在高高的船邊，試圖用體重稍微平衡一下傾斜的位置。唉，想必這就是許多想改變的人的境遇：他們得不到多數人支持。

一道冰冷的浪濤打在我身上，接著是另一道。我的牙齒上下打顫。**不，問題不在於多數，一開始無法取得多數人信任才是問題所在。**

周遭漆黑一片，連即將重擊船身的下一個浪頭都看不見。天上沒有月亮，沒有星星，只有船首欄杆上的方向燈閃爍著紅綠色的光，還有為了增加能見度而打開的桅杆頂上的白色停泊燈。

我凝視黑暗時心想，被動時最難忍受的是不確定性。我們誰

166

也不知道暴風雨接下來的發展，我們還得硬撐多久？這些問題決定了我們能不能活下去。但是我們沒有去改變處境，只是把自己交給它。

此刻只能盼望天氣對我們仁慈一點。雖然我不喜歡這樣，但我仍舊認為：只要同心協力，一定有希望。

「好好休息，我來接替你。」我對那個結實的男人說。他猶豫了片刻，似乎不確定這個主意好不好。最後他總算點頭。於是我接下工作。俄國人用一根鉤子保護自己，登上船尾較低的那側，再次去繫牢柴油桶；其中三桶已被大浪拋在甲板上。接著他爬進船內，遞給我幾個需要清空的桶子，然後躺在兩個帆布袋之間睡下。

船長與我在外面繼續和暴風雨奮戰，一直到鬍子船長支撐不住，別人來換班為止。之後我也被換下。我們整夜這樣輪流，一個穩住路線，另一個調整船帆，盡可能減輕帆的負擔，第三個人休息。破曉之際，我們傾斜的程度稍減；這個跡象表示，我們已經熬過了最艱難的部分。

「你在想什麼？」早上我和船長交班掌舵時，他開口問。他的紅色長褲和夾克都溼透了，水不斷從鬢髮和鼻子滴下來。

「你看起來像在海邊度假的聖誕老公公，」我笑著回答，又說，「至少你洗過澡啦！」

船長笑了，「你剛剛說你不想吃早餐。」他刻意伸展一下四肢，然後消失在艙房內。我從門縫瞧見他把麥片倒進碗裡。

可惡！

❋

直到那天晚上，我們才再用上一般的前帆替換大三角帆。又過了一天，我們進入釜山灣。釜山是南韓首都首爾之外的第二大

城。前往南韓的貨輪中有百分之八十會經過這座港口，可說是經濟中心。這裡令人印象深刻的是由好幾棟 80 層樓高大廈構成的天際線；相較之下，德國最高的摩天樓不過 65 層而已，只有南韓最高建築物 123 樓的一半高。

　　也許韓國人有追求平衡的需求？抵達的第一天晚上我問自己這個問題。我們凍壞了也累壞了，因此不在船上過夜，而是去一間 24 小時營業的三溫暖，此地人稱為汗蒸幕。一方面我們渴望洗個熱水澡，另一方面，汗蒸幕是韓國最划算的過夜方式，比青年旅社和旅館便宜。沐浴時男女分開，跟德國一樣，一絲不掛洗地三溫暖。

　　洗過這次三溫暖之後，我一點也不覺得奇怪：韓國人刻意要蓋高樓，以便求取其他地方缺乏的長度。以下是寫給對統計或者希望稍微直接一點的人看的：世界上最矮的胖子就在韓國。我說的不是食物。也許這則訊息有助於理解我們常在媒體上見到的北韓獨裁者。用「偉大作為」或身分象徵以平衡身材上的不足，稱為拿破崙情結。又學到新東西了！

✳

　　在韓國停留期間，我打算學韓文。這個語文肯定是讓我進一步了解亞洲思維的鑰匙。此外，這也會是韓國人認識我的鑰匙。

我分別只花了三個月就學會了西班牙語、義大利語和葡萄牙語，所以在韓國待三個月應該綽綽有餘。我期待自己進步飛快，沒料到我過度高估了自己。不管怎樣，你可以在兩個鐘頭內學會看懂韓文，說韓文卻完全是另外一回事！不同於有幾千個單詞的中文和日文，韓文只用到 10 個母音和 14 個子音，邏輯自成一套系統。和我們一樣有 26 個字母。有網路、有兩小時時間也有興趣的人，不妨來學學看，照著網頁上的指令練習。對大多數人來說也許沒有閱讀韓文的必要，但是讓腦部灰質做點體操沒有壞處。

我知道現代科技可以減輕學習語文的困難，所以我請一個孟加拉人幫我弄來一支二手的智慧型手機，價格公道。這可是我這輩子第一個智慧型手機，之前的旅途上我沒有使用過任何電子產品。我很快就學會操作，並且一下子就找到一個「1000 個常用韓文字」的頻道。**賓果！完全符合我的需求！**我決定一開始每天先學 30 個單詞和一個新的文法規則。崇高的目標，但我希望自己用功點。

幾星期後，我已經學了 700 多個單詞，然後發覺這「1000 個最常用字詞」是從報紙摘錄出來的。「受雇者」、「標準化」或「研究與發展」這類詞彙我已經倒背如流，但是要問「廁所在哪裡」或是「飲食」話題都開不了口。學非所用，尤其當我真的急著想上廁所的時候。若是要我無中生有，跟人隨意討論經濟與政治議題，我倒是準備充分！

2016 年 5 月

我在俄國人的船上一直待到遊艇比賽結束才離開。500 多艘船參賽，我們得到第二名，堪稱我們最後共處時光的美好回憶！我與新結交的俄國夥伴告別，搭便車進入多山的韓國內陸，來到歷史古城慶洲。

抵達目的地附近的一座湖的時候，天已經黑了，但氣溫依舊溫和舒適。我腦海中閃過下水游泳的念頭。**我這個金髮歐洲人一走出黑暗湖面，韓國人大概都嚇死了。**我暗自竊笑，拋開這個想法。我的腳步在一座橋上發出低沉的回音，傳到對岸。**湖水看起來真令人陶醉！**我靠在木頭欄杆上，靜靜地站在那裡。此刻我心醉神迷，渾然忘了時間！周遭欄杆上裝飾了小巧玲瓏的燈，藍色與粉紅色的燈火交替閃爍。附近的擴音器傳出東方古典音樂，離我不遠有幾顆櫻桃樹，枝椏在溫暖的晚風中招展。

誰想得到呢，我真的在韓國！直至此刻我才意識到，這裡與我造訪過的那些國家形成鮮明的對比。打從離開歐洲後，這是我頭一次回到已開發國家的懷抱。**一切看起來好和諧又安全！**

韓國確實沒有殺人犯、恐怖分子、闖空門的小偷，即使毒品也絕對是例外。這裡的人要懼怕什麼？好吧，除了北韓的飛彈。

正因為平常日子過得穩當，韓國人有些恐懼令人發噱。有點像我們的免疫系統：無所事事的時候，免疫系統會對完全不必要的東西發動攻擊，讓我們出現各種過敏症狀。譬如大多數韓國人對一般房間內的電風扇戒慎恐懼，不是怕可觀的金屬工業風扇，而是怕炎夏夜晚放在五斗櫃上的小風扇。韓國人普遍存有一種迷信：若是一整夜開著風扇，房間裡的氧氣會被吸走，人會在睡夢中窒息。其他的說法是：這樣會形成一種真空，讓人無法呼吸，然後同樣導致窒息。這些說法在科學上不成立，而且從未有過任何個案證明有人因為這種方式死去。然而這種恐懼已在人們心中生了根，連韓國政府的消費者保護單位都會提醒大眾，整夜開電風扇會有危及生命之虞。因此許多韓國人為電風扇裝上定時器，風扇在一定時間後會自動停止。

已開發國家才會有這種問題。想到這裡我笑了，然後繼續走到對岸，一間廢棄廁所後方就是我搭床過夜的地方。

✳

第二天早上我搭便車進入城內。駕駛問我要在哪裡下車，我舉手表示需要點時間考慮。**我應該先把這些詞彙找出來才對！**我想找間超市添購一些實惠的食物，過去三天裡我一間也沒找著，因此三餐只吃泡麵。我承認我的胃有點不太舒服。

我在腦海中打草稿：「麻煩您讓我在途中附近有食物零售商店的地方下車。」但在真實情況中，從我嘴裡吐出來的竟然是：「你路周圍，許多人買，進、出。」

我也不想說得這麼亂七八糟呀！我不會說食物這個字，但是想到了「周圍」！

駕駛殷勤地點頭，同時發出「喔喔喔！」好像他完全明白我的意思，真叫我感到驚訝。好吧！我想，**也許我的韓語沒那麼糟？**順利說出別人聽得懂的話，我的胸膛立刻因為獲得這份成就而抬高了幾公分。但是駕駛把我放在火車站，不是某家超市前，我的胸膛又縮了回去。**下次一定會成功！**

城內各種設施很工業化。除了沿海的建築十分傳統而且造型很美，這裡的一切主要訴求功能。一排排房子方正筆直，道路網像柵欄一樣穿插，沒有裝飾也沒有色彩。為了節省空間，街道支線沒有人行道，取代人行道的是狹長的排水溝。牆上掛著油膩膩的廣告招牌，招牌中間的灰泥斑駁剝落，灰塵污損了房子外型。景象令人心情沉重。

我到處搜尋植物，只發現一個居民放在屋前的一個落單花盆。我四周無疑是一座巨大的水泥沙漠，把大自然驅逐到城市外。雖然我很開心我不必住在這裡，但另一件事令我難受：**還是沒有超市！我需要休息一下。**我的肚子咕嚕作響，承受沉重背包的小腿發出哀鳴，汗水浸溼的人造纖維肩帶緊壓著我的肩膀，很不好受。

我很幸運地拐進旁邊的一條窄巷，滿懷感激地發覺建築風格變了。我沿著迂迴的步道越走越明白，我來到一個高級住宅區。我好奇地探頭探腦，從一扇大門的黑色鐵欄杆窺進一塊土地上的綠色花園。一座 U 形住宅圍繞這片維護良好的草地，精心打造的屋頂角略微下彎，蓋住一個木頭亭閣的頂，亭閣將建築從底部包起來。登上亭閣的階梯上有一塊踏石，上面躺著一雙粉紅色拖鞋。可愛！

　　這條小徑通往一個開放的公園，公園邊上有一間 24 小時營業的商店。累癱的我鬆開背包的腰帶，把背包放在入口邊的柱子旁，然後走進店裡，一點都不擔心背包會被偷。背包很重，背著它逃跑可不容易，況且值錢的東西都帶在我身上。我花了 1500 韓圜（換算起來大約比一歐元多一些），在櫃檯拿到兩包塑膠碗裝的泡麵，用專為沖泡而設的熱飲水機往碗裡裝熱水。**連續四天吃泡麵，該是找些正經東西吃的時候了！**

　　我蹲在這家店前面的房簷吃麵。陽光溫暖了我的臉。我一邊大口吞麵，一邊欣賞公園裡的櫻桃樹，慢慢感覺到四肢恢復了力氣。那些樹比我們歐洲的櫻桃樹纖細，花期雖然已經在幾星期前結束，果實仍然嬌小未熟。

　　一位穿深藍色運動夾克、有點年紀的亞洲人走到我身邊，把手放在我的背包肩帶上。他的皮膚因為日曬而呈褐色，稀疏的黑色頭髮露出幾綹白髮，不免讓我想起我的爺爺。他長歪的牙齒突出嘴巴外，很遺憾，我爺爺的牙齒也這樣。男人用力一握，唉哼一聲，把我的背包往上提了幾公分，然後放下並展露笑臉。他善意的褐色眼睛打量著我，然後笑著指指我，又指指我的背包，如此數回合。

　　你不是第一個被我的背包嚇到的人，我暗地想著。這種反應我不知道看過多少次了，好奇的人拿起我的背包，掂它的重量，通常他們猜裡頭放的是石頭或金子。這個人也說了大概類似的

話，只是我聽不懂。

　　一個比較年輕，身穿印有足球標誌的白色毛衣的男人跑過來，用不甚高明的英語說：「他想知道你是哪一國人？」

　　「多及爾ㄟ所瓦搜唷，」我試著用韓語回答。

　　「啥，土耳其？」

　　我得再加強一下發音！不是托其爾，是多及爾！「不對，不是土耳其，德國！」現在我用英語說。我的金髮和藍眼難道還不好猜嗎？

　　年輕人與年長的人交換討論了一下，然後提出新問題，都是我在韓國每天被問到的問題：我在這裡做什麼？我的家人如何如何？好笑的是，有不少人想知道我最喜歡哪一種泡麵？「辛拉麵。」我現在能說出一個答案了呢！辛拉麵的味道就算過了幾天也不會變淡，因為實在太辣了，嘴都麻了。

　　「我爸爸問，你想不想跟我們走？今天晚上可以睡在我們家。離這裡很遠。」年輕男人說。至少我想他是這麼說的。他的英語有濃重的異國腔調，**但無論如何都好過我的韓語。**

　　「跟你們一起走？」我不太確定地反問。

　　穿深藍色運動夾克的男人對著我做一個快速吃飯的動作，意思夠清楚了。驚喜交加的我回答：「好，好！」匆忙吞下剩餘的麵條。我吃完時向他們鞠躬，這在韓國代表有禮貌而且很重要，同時用韓語說：「非常感謝。」然後我跟著穿藍色夾克的人，加入一群站在一棵櫻桃樹下集合的人。

　　我有些不知所措，四下搜尋那位年輕的翻譯，指指這一團人。「你的家人？」他點頭。「哇，好龐大的家庭！」我好驚訝，跟著較年長的男人走向一輛空的遊覽車。

　　「崔勇文。」我趕上他時，這位有些年紀的男士自我介紹。

　　「克里斯多佛。」

　　韓國人會先說姓，所以他的名字應該是「勇文」。那時我還不

懂這個規矩，所以一直稱他為「崔」。這不算太糟，反正他也不會唸我的名字。

崔比手畫腳讓我明白，我可以把東西放在遊覽車後座。**他們租下整輛巴士嗎？驚人！**我們一起走回那群人那邊，背包放在別人車上讓我不太放心。但是在韓國會發生什麼大事嗎？這群人正在紅色罌粟花田間漫步。

我們才和他們會合，一位年約 12 歲的女孩一蹦一跳到我面前，「你，我，相片？」然後其他人立刻一擁而上，將我團團圍住，和我合照，用不通的英語問東問西。「你，歡迎去台灣！」一位男士非常熱情地邀請我，一個很重的相機在他的脖子上晃來晃去。

我注意到了，他和大多數團員都戴了佛教的護身符。「哦——台灣？你們是台灣來的？」

「對，對，都是台灣來的。」他興奮地指著那些人。

「你不會在說，你們是一家人吧？」我對穿白色毛衣的男人低聲說。

「不是，不是，不是一家，很多家。那邊那家，」他指著一位男士、女士，和那個 12 歲女孩，「一家人。那兩位是祖父母。那邊呢，另一家。這裡這位，我太太。」他指指旁邊的一位年輕亞洲女子，想繼續介紹下去。

但我打斷了他，「那位是你的父親嗎？」我朝崔點點頭。

「不是，不是我父親。」他笑了起來，一副我剛才提了一個蠢問題的樣子。

「那麼，你們是一個旅遊團？」

「對，對，家庭，在韓國旅行三天，明天回台灣。」

這會兒我慢慢弄懂了，難怪他們說的韓語很像中文，崔是當地導遊。我還搞不清楚他究竟要不要幫我？也許他只想招募我為團員，稍晚會要我去繳費？我在別的國家碰過不只一次類似的

事。崔看起來很和藹，但表面不足為信。我很難揣摩亞洲人的心思。

或許我謝謝他，然後繼續走我自己的路比較好？但我決定留下，看看事情如何發展下去。回顧起來我發現，偏偏就是跟著感覺走，讓自己參與當下，反而換來妙趣橫生的經歷。

✳

「摸格達。」崔打斷了我的沉思，他在說什麼？崔重複一次「摸格達」，把手伸向嘴。就和之前一樣，好似他端著湯，拿著湯匙。**啊呀，食物！**

他帶整團人上一間餐館，室內充滿著雞湯的香味。我的肚子大聲咕嚕叫，我多想一起用餐呀！但此刻我負擔不起，**我得盡快找份工作。**

崔察覺到我很猶豫，拽著我的袖子走到後面的角落，兩位團員已經就座的一張餐桌，示意要我等待。一位女服務生推著餐車過來，在我們桌上放了幾道韓國菜，給我們每人一小碗飯和海帶湯。她還在桌子中央擺了黃豆芽、醃過的大蒜瓣、碎洋蔥、炒蛋、炒蓮藕及韓式泡菜。泡菜是發酵過的大白菜，在韓國跟米飯一樣屬於三餐必備。韓式泡菜很像德國的酸菜，只不過是加辣椒粉調味，歐洲人得先習慣那股辣勁。

我們開始用餐。崔拿了三碗飯和一碗魚過來，放在我前面，然後拿起一旁空位上的金屬筷子也吃起來。「摸格達！」他露出微笑。這頓飯是他付的帳，我為之前對他起過疑心感到慚愧！

吃完飯後我們驅車前往旅館。途中崔拿起遊覽車的麥克風說笑話，逗得台灣旅客哈哈大笑。我的鄰座俯身張大眼睛盯著我瞧，用英語解釋：「他說你吃下一個大家庭的份量，嘻嘻！」現在連我也笑了。**他說的對，他說的對！**

到了旅館，崔把我帶到他與遊覽車駕駛共用的房間。房裡的陳設新穎，牆上嵌著好大一個液晶電視，一個燒水泡茶的水壺，還有一間浴室。**總算可以洗澡了！**相對於現代化的設備，我注意到房內沒有床鋪，一張也沒有。後來我得知，直到進入 20 世紀，韓國人就連國王也都坐臥在地板上。雖然西方的椅子和床鋪越來越受年輕世代歡迎，許多韓國人仍舊守著傳統。這也是為什麼走上淺色木頭地板之前一定要脫下鞋子──韓國到處都是這樣。這讓我有些尷尬，因為我的襪子味道不太好聞，但是，有誰會穿著鞋子在餐桌和床上走來走去呢？

我們從一個櫃子裡搬出三個很厚、捲起來的織物墊，包括枕頭和被子，鋪在薄板上。這就是我們臥鋪。我覺得這種方式真不賴，至少對於睡硬舖無所謂的人來說，尤其還能節省較小面積房子的空間。而且最好的是：你不用整理床鋪！早上只要捲起來，放進櫃子裡，不會妨礙到別人。就這麼簡單！

崔直接把他的手機貼到我的耳朵上，「哈囉？」我驚訝地開口。

「嗨，我是崔的太太，我先生問你明天要不要和他一起去釜山？」

哇！崔一句英語也不會，他的太太卻說了一口流利的英語！「聽起來很棒！但我其實明天想去大邱。」我拒絕了。我才去過釜山，此外，我不想過度消費崔的善意。

崔拿回手機，聽他太太翻譯我的回答，幾句話之後，他又把手機貼在我耳邊。「我先生真的很想帶你去，明天晚上你們一起搭火車回首爾，我做菜給你們吃。」

好慷慨的提議！聽起來好吸引人！但是這樣一趟火車之旅想必所費不貲，而我真的不希望崔負擔我的花費。**我還是搭便車好。**

坐我旁邊的遊覽車司機只穿著內褲和汗衫，啜飲他的茶。他聽到我們在談什麼。我發覺，他極隱微地搖了搖頭，暗示我不該

再拒絕。**說不定這樣很沒禮貌？**

　　「好吧，我跟著去釜山！」我說，崔露出滿意的笑容。

✳

　　我們依照約定，在旅館用過早餐後搭巴士前往釜山，參觀了一個韓國貧民窟。人們是如此稱呼這個城區，但此處與南美的窮人聚落沒有一點相似之處，依我看，比較像個特殊的人文環境。兩者唯一的共同點是這裡的房子也很小，有彩繪，而且蓋在山坡上。接下來導遊把我們帶往龍頭山公園。其實那不太像一座公園，比較像是釜山城林木丘上的一個平台，可以俯瞰整座城。我才下車，這座港口城市的海水氣息撲鼻而來，熟悉又親切，翻攪出我心中的鄉愁。溫和的微風中雜揉著闊葉樹與針葉樹的氣息。我閉上眼睛，嘈雜漸漸消失，我以為自己又回到北德了。

　　崔捏捏我的肩膀，然後食指指著手錶，用韓語說「一小時」，要我和其餘的台灣人離開停車場。其他人馬上走

進紀念品店，我則踱步到廣場南端，視線落在一座綠紅相間的亭子，亭子裡掛一個銅鐘。鐘很大，大到可以容納一個人。我多想越過欄杆爬進亭子，用撞鐘敲那座鐘，鐘鳴想必奇大無比！但這應該是不被允許的行為，連那根木柱

177

也用鍊子栓了起來。**看來我不是第一個有這樣念頭的人。**

一小時後，我們在通往最上層的坡道集合。階梯上方有一道馬賽克牆，上面用彩石拼貼出烏龜、麋鹿和鳥。馬賽克前方有幾根很粗的柱子撐住傾斜沉重的最上層，為上坡道添加壯麗。崔在一根柱子前站定，對團員揮舞小旗子，開始介紹這個地方。這群台灣人圍成半圓，聆聽他解說，他說的是他最擅長的中文。我專心聽，雖然一個字也聽不懂，但是當下心頭湧上功夫片的場景。**這大概是我聽過最有趣的語言了！**

崔突然向我走來，抓起我的袖子，把我拉到柱子前面。**也許我猜的沒錯，真的和功夫有關，我想，他需要一個打鬥的對手。可惜這裡沒有人理解我開的玩笑。總有一天我要把這些寫成一本書！**

崔沒鬆開手，繼續講解，每次要強調某個用詞時，就戳一下我的胸膛。我腦子裡裝滿了功夫片，再也受不了噗哧一聲笑出來。所有的眼睛都瞪著我們。

崔出其不意突然抽出皮夾，給我相當於 40 歐元的韓圜。我不知所措看著他，現在輪到他笑個不停了。一個台灣人走出隊伍，幫我拍了一張快照，然後也塞錢給我，約值 10 歐元。另一個台灣人走到我這邊的柱子，也在我的手上放錢。我們與他的家人合照，他捐錢給我，其他人依樣畫葫蘆，直到整團的人都輪過才告終。換算起來，他們差不多送了我 120 歐元！崔的迷你慈善演出讓我吃了一驚！好厲害的導遊！

我沒做什麼就從別人那裡得到錢，這

讓我很不自在。另一方面，這個旅遊團的團員非常熱衷與我合照，所有亞洲人好像都是這樣。我既高興又感動。崔大方地對我展現博愛和友誼，雖然我倆還沒好好談過一次話！不是有人曾經說過，愛展現在行動中，而非言語。如果這不是證明，那什麼才是？

✷

晚上我們搭高鐵穿過韓國首都首爾的夜景。車票是我聽從崔的建議，用得到的錢買的。崔和他的妻子要在這座大都會接待我，我不希望濫用他待客的盛情，但我若想住到別的地方，就得付錢。一定要找份工作！於是我在時速 300 公里，無線網路運作正常的高鐵上，傳了一封電郵給一位我在釜山認識的韓國女子。她和我說過一個住在首爾，想找英語家教的女友。**無論如何這是個開始**。我用簡短的句子描述我是夠格的老師，為了證明所言屬實，我還寄了一張照片過去。

過不久便收到回覆：「抱歉，我不需要英文老師了，不過我會把你的電郵傳給需要的人！祝你好運！」

我有點失望。目前為止我從事的都是勞力工作，當家教要用上腦子，應該是個不錯的轉換。**是啊。不試怎麼知道呢！**

事實就是這樣！我很快又收到一封電郵，完全出乎我預料：「嗨，一位朋友給我你的郵件。下星期一我們要為公司的產品拍一部廣告片，高爾夫球鞋。有幾個問題想問你：你有時間嗎？你會用高爾夫球桿嗎？你穿幾號鞋？衣服尺碼多少？」

等等……高爾夫球？我從沒碰過球桿哩！且慢：迷你高爾夫算不算？

進一步討論後，我的問題看來不是阻礙，幸好幸好。我只要扮演教練就好。教練除了無所不知以外，你什麼都不必會。**太好**

了，這我可會啦！

❇

我在崔家住了幾天，之後與他們夫婦告別，搬到一個類似學生宿舍的地方。我用拍高爾夫球鞋廣告賺來的錢支付第一個月的租金。片子是在三星所屬的高爾夫球場拍攝的，光是獲准使用這個場地就得花幾萬歐元。**我沒看出這個地方的草坪為何值得這個代價，很漂亮倒是真的！**

我的新家位於江南區，沒錯，就是那首很紅的《江南 Style》唱的城區。雖然在公共場合已有一段時日聽不到這首歌了，但是我在三平方公尺半大的房間裡做的第一件事，就是播放《江南 Style》，跟著音樂跳舞。很蠢，但就是好玩！

多虧暢通的網路，德國女大生米雪和我越來越常交流，我們對彼此的了解都快到令人害怕的程度了。我們互寫「交換日記」，天南地北地又聊又寫……只不過，就算我們聊天，也從不談一個越來越能清楚感受到的敏感話題……至少我這方面是如此，但我倆都盡可能避開。

「你一下子變有錢了嗎？」我姑姑傳來一則訊息，因為她聽說我現在有自己的房間了。這個房間的大小和一間廁所差不多，她當然看不見。根據聯邦憲法法院，7 平方公尺是適合人居的最小空間。**我擁有 3.5 平方**

公尺，只比標準少一點！我姑姑在網路上還看到了我在帆船遊艇上和打高爾夫球的照片。**難怪她以為我變有錢了。有趣！**

「沒有妳想的那樣有錢。」我答。因為我和之前一樣，物質上幾乎一無所有，但是對我所擁有的滿意得不得了。或許借用智慧的老子的話可以表達得更貼切：「知足常樂。」

就這個意義而言：是的，我很富有。

2016 年 7 月

接下來的幾個月，我也靠打零工的小型表演支付在此地的開銷，其中一個甚至是為三星拍廣告。此外，我參與釜山一個醫學研究，有一間醫院要做歐洲男性的生長賀爾蒙測試。乍聽之下不太好，但這個藥已經成功推上亞洲市場，所以我歸納風險相對較低。再者，聽說席維斯‧史塔龍就是服用相同的物質才鍛鍊出那一身肌肉。哪個男人不希望擁有和史塔龍一樣的身材？

我去登記，被列為適合試驗的對象，有兩個周末受邀前往釜山的醫院。老實說，我從未如此輕鬆愉快地賺錢。在筆電陪伴下躺在床上四天，每小時抽一次血。大約進帳 1700 歐元。假使我長出了第三隻胳膊，這樣的酬勞未免太微薄。但是我的身體毫無變化，既沒變差，也沒變成史塔龍。**你不可能什麼都有！**無論如何，我都對這個非比尋常的收入來源心存感激！

我因為很閒而學韓文字，想多了解一下這個國家的歷史。韓國史果真跌宕起伏，精采絕倫！第二次世界大戰後，韓國劃分為蘇聯與美國兩個勢力範圍，差不多與東、西德形成的時間一致。劃分勢力範圍造成的直接後果是 1950 年代初的韓戰，這場戰爭使得南韓成為地球上最貧窮的國家之一，許多城市形同廢墟，田地荒蕪，挨餓的家庭翻越嚴寒的山丘，只為了尋找可以吃的莖葉和植物。進入 1960 年代時，這幅駭人景象沒什麼改變，但接下來發

生了不可置信的事……

　　如果我預言阿富汗、阿爾巴尼亞或索馬利亞在未來四年內將茁壯為領先全球的貿易大國，你會怎麼說呢？大概會取笑我胡亂預測吧。這正是韓國崛起可能是人類史上最大經濟奇蹟的原因！南韓擁有的原物料不多，教育結構亦未臻完備，但在西元 2000 年初就躍居世界第十經濟大國。不到 40 年的時間，本為世界第二貧窮國家的南韓，在經濟上超越了西班牙與澳洲！如今，這個人口少於德國的國家，無論網路速度或使用工業機器人的比例，皆為全球之冠。

　　韓國人如何辦到的？主要是勤奮。他們有一種講求快速的特質，用韓語說就是 Balli-Balli。他們因為求快，並非時時效率都高，但是大量工作。韓國人每人每週工作 40 多個小時，而且一整年都是如此！**我經常一周工作超過 40 小時，偶爾還更多，倒也不算太辛苦！**我起初這麼想。但有一點不容忽略，休假、病假以及例假節日都已包含在內。按照這種計算方式，德國人平均每周只工作 30 多個小時；蓬勃發展時期的韓國人每週工時甚至高達 48 小時！

　　這種勤奮不只是優點。競爭如此激烈，以致於所有雇主期待員工無薪加班，直到上司回家，否則會被炒魷魚，而且恐怕會找不到別的差事。高中畢業生若是沒有考上全國前五所最好的大學，家人會極度失望沮喪，使得許多年輕人除了從橋上跳下去之外，沒有別的路。根據世界衛生組織統計，韓國的自殺率也是全球最高的。

　　極端的勤奮自有其不堪的陰暗面，然而像韓國或新加坡（以類似方式迅速崛起的國家）證明了，即便吊車尾也能名列前茅。確實令人震撼。

　　但是單靠勤奮不足以揚名立萬，韓國為成功下的定義還包括了別的東西。我可以整天挖洞再填滿，辛勤賣力工作，流血流汗

卻一事無成。勤奮不會自動與生產力畫上等號，每個無名氏都能印證。一個普通德國人創造的經濟力比一個普通的韓國人多，雖然德國人平均每周只工作 30 小時左右，韓國人卻工作超過 40 小時。

　　另一個重要的因素是態度，也就是人要不斷發展和深造。追求卓越的人必須先改善自己。一個世代的韓國人以成衣製造為起點，然後學習如何製造汽車和船隻，最後生產電子產品。譬如韓國企業三星從紡織與食品起家，今天是全球手機市占率最高的公司。假使韓國人勤奮之餘沒有投資教育，這些可就辦不到了。

　　如同源自鄰居中國，一句歷經 2500 多年歲月沉澱的名言：**「學如逆水行舟，不進則退。」**我想說：「拒絕學習的人將遭淘汰。」韓國人會說：「學習沒有捷徑。」

❈

　　在江南的學生宿舍住了三個多月後，我決定繼續遊走。這段時間以來我生吞活剝韓國生字和文法，但還沒有實際開口說。最好的練習方式就是非開口說不可。

　　我把東西全部塞進背包，往南走。我在硬紙板上用韓文寫「去哪裡都行」。這種方向說明讓不少人看到時摸不著頭緒，但也為我帶來獨特的經歷。譬如有天下午，一位韓國農夫心血來潮帶我上山，讓我看看海南郡的佛寺。

　　這座寺院不像人們想像的建在山頂，而是坐落於一個凹地，長滿樹木的山坡從四面八方彎下

身來保護這個地方。這裡好寧靜，如詩如畫。夏季接近尾聲了，好似有一位大膽的藝術家為綠意噴上紅、黃、橙色的斑點，寺院莊重的木柱大廳有繁複華麗的飛簷，完美融入景色中，彷彿幾百年來一直站在那裡。

農夫帶我去入口處一個鋪了淺色沙子的廣場，介紹我認識一位僧侶。此人和所有的佛教僧侶一樣，剃了一個大光頭，象徵他希望心無罣礙，自無知狀態解脫。他穿著一件灰色長袈裟，用意是讓人想起灰燼與倏忽而逝。農夫彎下身去，用一種特殊的方式向僧人行禮，我也盡可能模仿他充滿敬意的姿勢。

「你是哪一國人？」僧人問我。

「德國。」我用韓語回答，對於自己這陣子明顯進步的發音有十足把握。

「哦，土耳其人！」他說。

不、不是，為什麼都聽不懂我的話？「德國！」我微笑修正一下，加上幾個才學會的詞彙：「歐洲，統一，汽車，梅克爾，德

國。」

僧人點點頭，沒再問我話，反而與農夫聊了起來。**但願我剛才沒有失禮。**

他倆談話的時候，我的思緒飄到在此地停留期間認識的佛教。這個宗教所有理論以佛陀的觀點為基礎，即人生充滿苦難與痛苦，還有煩惱、絕望、疾病。**我不會是個好佛教徒，說實話，我覺得人生妙不可言。**其中最糟的是：佛陀說，受苦不會隨死亡而終止，因為人會輪迴。唯一從這種痛苦循環解脫的方式，就是脫離所有導致痛苦的東西。

第一個浮上我心頭的想法是：數學考試。但佛陀說，痛苦之源在更深處，在我們的**渴求**中。數學考試之所以令人痛苦，是因為我們追求高分或至少及格。人應該拋開所有渴求和需求，藉此徹底拋開自己的身分、財產、家庭。佛陀就離開了祂的妻子和兒子，遠離欲望，甚至思想、意見以及感受。能拋開一切，果真不再依賴任何事物的人，便進入涅槃境界。涅槃並非「天堂」，不同於許多人以為的那樣，而是「寂滅」，一種脫離感受、願望以及想法的狀態。

「你想不想在這裡過夜？」農夫問我。僧人與農夫狀似閒聊完，我不太確定地盯著我的腳。出於好奇我很想大聲說：「想！」

另一方面，我決心時刻為別人的好處著想，這位僧人看起來對我並無太大興趣，也許和之前當他問我是哪國人時，我回答得略顯粗魯有關。

「謝謝，這樣就很好了。」我稍微降低音量拒絕了。我知道，直接說「不」在這個文化裡是很沒禮貌的。希望我的表

達很明白了。

　　僧人伸手進他的灰色袈裟，拿出一支手機打電話。通話結束時，他肯定地點點頭：「沒問題，這個德國人可以在此留宿。」

　　睡在這裡？但是⋯⋯溝通不良讓我難堪，但那個好奇的我仍舊為了能在這裡學到不少東西而歡呼。

　　我和農夫道別時，另一位僧人來接我，帶我去我的住房。他大約與我同齡，但與入口那位僧人不同，他穿的是一件棕色長袍。

　　「為什麼穿棕色？」我試著用他的語言開啟話題。

　　「我是見習僧，來這裡才三個月，」他用流利的英語向我解釋。

　　好耶！終於有人聽懂我說的話了！見習僧的寬鼻樑上架著一副厚重的黑眼鏡，襯得他光可鑑人的頭顱更加渾圓。「你的英語怎麼說的這麼好？從見習僧到成為真正的僧人要多久？」我問個不停。

　　「你問了好多問題。」

　　如果他知道⋯⋯我微微一笑：「你知道，其實我還沒開始⋯⋯」

我們來到寺院中心的廣場，左右兩邊各有兩棟傳統桁架建築，每棟建築各有五扇深色的木門，門上貼了漂白過的紙。

　　「這是你的臥室。」見習僧打開其中一扇門，房內鋪了薄板，除了一張書桌和一架電風扇之外，沒有其他設備。書桌上放著兩條摺疊好的被子和一個輕便的墊

子。

「一條被子是你的床鋪，另一條用來蓋，」見習僧解釋，「浴室在走道上，抱歉只有冷水。還有，請不要讓電風扇轉一整夜，你知道，這樣很危險。」

我順從地點頭。

※

夕陽西下，我正在寫日記時，有人敲門。我開門看見那位見習僧，「什麼事……」我正要發問，但年輕的僧人立刻將食指放到唇上，揮手要我跟他走。

我匆忙穿上浴室專用拖鞋，輕輕掩上門，摸索著走在這個韓國人後面。夜色中，他把我領到一條通往山上的小徑，光滑的岩石數度讓我失足，真的好黑，撞得我腳趾發疼。但是見習僧禁止我點燈。**早知道要爬山，就該穿球鞋！**

最後我們來到一棟位處偏僻的建築，「茶坊。」我的同伴低語，推開一扇拉門讓我進去，「鞋子脫掉！」他悄悄說。

我蹭掉沐浴拖鞋，只穿著襪子與他一起走過通道。他推開第二扇門，帶我進房間，終於開燈。四壁均由淺色木頭與紙構成，顯得光線溫暖怡人，房間後半部的中央擺了一張長矮桌，桌上放著許多茶杯與器皿。

「我們來做一次茶禪道。其實像我這樣階級的僧侶不准做這種事，但是我的手很靈巧。」見習僧透過厚厚的鏡片對我眨眼，然後換到桌子後面，把一個陶罐的水倒進燒水壺。「請坐。」

這位年輕僧人用一個木鉗把小茶杯堆疊成一個小塔。第一泡完成時，他把茶傾注在塔尖上的茶杯，茶水像階梯式人工瀑布那樣，從茶杯側面往下流。然後他用木鉗把茶杯抖乾淨，為我斟上第二泡茶。這次是可以飲用的。

「現在哩？」我急著想知道。

「現在我們要談話，這是禪的核心。」見習僧微微笑。

「你不擔心萬一被人發現，你會有麻煩嗎？」我提出疑問。

「其他人不是在看電視，就是已經睡了，每天晚上都這樣，不會有人發現我們。」

我很驚訝，「僧人看電視？」

「你不看嗎？」他反問。

「很少看，」我坦承，「看電視讓我覺得懶洋洋，所以我從來沒買過電視。」茶香聞起來好舒服，我喝了一口。「你為什麼出家？」

坐我對面的人身子向前微傾，「尋找寧靜。我讀大學時壓力很大。」

他的話中有我無法正確詮釋的弦外之音，「那你算是來對地方了。」我說。這地方自然風光的寧和恬靜，哪裡都比不上。

「我不知道。」

「啊，你不知道？」**還是那種口氣，聽起來好像……好像他很失望？**我想拿茶壺，但他先幫我倒了。

然後他若有所思繼續說：「佛陀說，眾生平等，但我在這裡經常覺得自己像個奴隸。」

什麼？太意外了！「誰的奴隸？別的僧人的嗎？」

他動也不動，也沒反駁，我視為無聲的同意。「也許剛開始修行都是這樣？好讓你學些東西？」我說。

他一邊的嘴角往上翹，「許多僧人的內在不如外在看起來那樣和諧、溫和。事實上我們都應該平起平坐，但真的有一個階級分明的結構在主導一切，和軍隊一樣。」

自從我在這裡觀察到一些事之後，不難理解僧人們也有心情不好的時候。譬如，寺院半夜三點要敲鐘喚醒大家，由於寺院內的工作排得滿滿的，每天的睡眠不太容易超過 6 小時。**換成是**

我，過了幾星期就吃不消了。有些僧人不免把脾氣轉嫁到可憐的見習僧身上。

「你現在怎麼想？也許到這裡來是個錯誤？」我繼續探究。

「我想，凡事都有代價，我們若沒有付出，就不可能獲得寧靜。佛陀說：『除了自己，誰也不會來拯救我們。』」見習僧再次拿起茶壺倒茶。看樣子他從未想過放棄。

「你是基督徒，我猜？你們的教義有哪些？」換他問我了。

我皺起眉頭，「你真的想知道嗎？」

「談起做生意，你們西方人強大又實力雄厚，」年輕僧侶說，「為什麼你們對自己的宗教愈趨保守，卻步不前？」

有趣的論點。「既然你這麼問，」我開始說了，「我借用佛陀的話：我想，我們絕對不可能自救，嘗試自救只會承受更多成果壓力。我們無從正確評價，何謂要求、何謂期待。我想，只有上帝能拯救我們。」我明白這麼說很挑釁，但是坐在我對面的人想聽到真誠的想法。

見習僧搖搖頭，「每個人都得有所作為，才能繼續向前。基督教義也與行善、守戒律有關。」

「很多人這麼想，」我附和，「真實情況卻不是這麼回事，不是行善或守規矩就能當基督徒，首要之務是與上帝建立關係。因為祂愛我們，我們自然而然發願並擁有行善的力量。我確信，只有愛才會大大改變我們，唯有知道被愛，才會獲得寧靜。」

我倆陷入沉默。我的話在自己的腦袋中迴盪不去。我真的相信，對大部分人而言，渴望愛是我們所作所為的推進器；我們花費這麼多的時間，就是希望用成就或良好的表現贏得愛與肯定。奇怪，幾乎沒有人認為金錢能買到真實的愛，為什麼卻想用成就來換取愛呢？

見習僧收起杯子，在一個碗裡用茶水洗淨。他直視我，「這就是茶禪道，我們該歇息了。」

✳

　我一共在寺院待了四天，有充裕的時間理解見習僧口中「像軍隊一樣」的階級制度。我每天在花園裡做工和打掃幾小時，從旁觀察別人與他相處。我看不見這裡有他想要的內在寧靜，情況恰恰相反。我真心祝福他能尋獲他在找的東西。

　參訪過寺院後，我繼續搭便車遊遍韓國，直到最後返回首爾為止。這時我差不多已在韓國待了半年。雖然剛開始我很難想像，但現在我至少能用當地語言表達很一般的意思了。機會終於來了，我早就該這麼做：謝謝所有幫過我的好人。於是我邀請崔氏夫婦上烤肉店，一頓飯當然不能與他們給予我的相比，但我終於可以和崔進行男人與男人的對話，真是太好了！有點像生平第一回與一位偉大的偶像說話！

　幾乎每一個國家我都很想多待一陣子。但是自我從家裡出發以來，已有三年沒看見家人了。心中有一個聲音告訴我，繼續上路的時間到了。

　我最後一次來到釜山，從那裡搭 渡輪去日本。多虧神奇的水翼技術讓整艘客運船抬離水面，因而減少了水阻力，我們只花了不到三小時便在海上航行了 200 公里。數噸重的渡輪看起來好像完全浮在水面上。**不可思議！比大貨輪快了一倍！**

2016 年 10 月

　　抵達港口城市福岡的時候，移民局的女性公務員顯得憂心忡忡，也許不該放我進入日本。碰到這種情形，不是自費返回韓國，就是被遣返德國。我大吃一驚，我沒料到我的旅程會這樣結束！理由是因為我沒有前往另一國的機票或船票，日本人希望確認，我不僅踏上他們的國土，也會在可預見的時間內離開。**官僚作風……**

　　我只能仰賴這位公務人員大發慈悲了，所以盡可能心平氣和地描述我的計畫，也就是我將在東京申請赴中國的簽證，然後轉往上海。此外，我還提了幾個聯絡地址，幸好有那些我一路上認識的人已經在日本幫忙張羅好。謝天謝地，最後一則訊息頗有說服力，於是我的護照蓋上了入境章。

　　還在港口大廳時，我就在旅客資訊站詢問可以去哪裡。我剛抵達的福岡沒有太多值得探奇之處，此地發明的拉麵除外。但是，一碗拉麵能有多特別呢？

　　我剛穿過建物的大玻璃門，來到外頭陽光普照的廣場，一位中年婦女上前攀談。是那位移民局的女公務員，我記得她右臉頰上那個醒目的胎記，以及薄薄的嘴唇，此外，她的眼睛比多數的日本人圓一些。

　　哎，又怎麼啦？我很驚訝。出了什麼錯嗎？到頭來我還是要被遣返？我注意到，這位女士這時已換穿便服。

　　「我下班了，有半個鐘頭空閒，如果你不反對，我可以為你介紹一下福岡。」她建議。

　　我鬆了一口氣，因為看起來沒事。「謝謝，但我馬上就要趕往廣島。」我接過話來。

　　「那你一定要去火車站囉！我丈夫和兒子馬上就要來接我，若是你願意，可以搭便車。」

191

哇，聽起來真不錯！火車站絕對是找便車去廣島的好地方，我感激地接受了她的好意。我們一起等待的時候，她建議我和她的家人一起午餐。**我從沒接受過國境公務員如此熱情的招待！**

　　她的丈夫與兒子開了一輛白色日本小汽車來接我們，光這個就是體驗。我們歐洲人喜歡流線型的汽車，日本人的汽車卻像安在四個輪子上的淺色盒子，汽車車頭都盡可能擠壓，車廂的角與高度僅勉強達標，簡直等於沒有車尾。這種視覺上令人起疑的輕量設計稱為「輕型車」，有利於汽車稅制。各方面性能都無懈可擊，但我老把這種車子看成加大款型的玩具車，不夠厚重也不太像真的。如果有人認為，德國車應該可以輕而易舉取而代之，可就想錯了。日本人對於自己國家的工業十分忠誠，極力避免購買海外產品，投入的程度不亞於懶散的學生不寫回家功課。根據研究，寫回家功課沒有多大用處，除非目的是折磨學童。在這一點上可是成效卓著！

　　玩具模型似的汽車使得車水馬龍看起來像遊樂場，白色的計程車讓人想到動畫，學童們穿的制服又加深了卡通印象。然而這個社會毫不稚氣，所有事務的運作一如瑞士鐘錶，日本人都嚴格遵守交通規則。這很讓人難忘，我卻想到，這世上有沒有一種只混淆半邊腦袋的島嶼熱？因為日本人和英國人、澳洲人或斐濟島的居民一樣，都在另一邊開車，也就是左駕。在此我祝福所有的島嶼居民早日康復！

　　這位女公務員小時候在美國學過英文，她的丈夫與兒子相形之下一句也不會說。我還注意到，那位與我年紀相仿的兒子穿了一件拜仁慕尼黑足球隊的夾克。他的母親告訴我，那是他去德國旅行時買的紀念品。不管他們愛不愛這個球隊，**但是對德國的印**

象似乎很不錯！

我們在餐廳附近停好車，最後幾公尺用走的，而且只能走在大馬路上，因為除了主要街道外沒有人行道。好奇怪，我感到驚訝。不僅少了人行道，我另外還覺得少了點什麼：**色彩都到哪裡去了？**周遭不是灰色，就是褐色！沒有植物，鋪上磁磚的建築物讓人聯想到德國 1970 年代沉悶單調的平房。我心裡不斷想著，**日本不是很現代化嗎？**而我得知，建築物確實非常現代，但是盡量不引人注意是日本社會的主流文化。一旦想要引起注意，那就要驚世駭俗！

我們來到一棟入口有兩架呼呼作響的白色空調的大樓，看起來更像後門的入口，連拉門也和一般家庭裡通往客廳的門沒兩樣。只有一個掛在拉門上搖晃的淺藍色鐵桶，這棟不顯眼的房子才有了些獨特味道。

「門上若是掛著這個藍色桶子，就表示餐廳開門，沒掛就是休息。」移民局女公務員解釋給我聽。我才在想，為什麼不乾脆在門上掛塊招牌呢，她又補上一句：「這家店的老闆有點特別。」

我們正打算走進去，一位女服務生驀地出現，一副等著我們上門的樣子。她身上繫著一條深色圍裙，兩條黑髮辮，與所穿的淺色襯衫形成對比，「請你們稍等。」她簡短說完後便回到屋內。

於是我們等了又等，慢慢的有幾個人離開餐廳，**現在應該空出幾個位子了吧！**但那位女服務生仍舊沒放我們進去。「這家店的老闆有點特別。」帶我來的女士說過。**看來她是對的！**

差不多過了半世紀，我們終於可以進去了。屋內看起來和街上任何一間普通餐廳差不多，牆上糊著樸素的褐色壁紙，沒有裝飾，右邊是一個長形櫃台與容納六或七人坐的高腳凳；左邊擺了四張咖啡色小木桌，每張桌子有兩個座位。十步遠的地方就是開放式廚房。

我忍著不笑，因為有一半的椅子根本沒人坐！幹嘛還要我們

等這麼久呢？

　　「ARIGATO GOSAIMAS ！」我們找位子坐下來之前，有人從廚房對著我們喊。那人是這裡年紀最長的，顯然是老闆。我知道他說的是日文「謝謝！」的意思。

　　片刻之後，又有兩位大學生年紀的人從嘴裡吐出宏亮的：「ARIGATO GOSAIMAS ！」

　　哦，這大概就是一種禮貌的問候吧。我們就座並且都點了一樣的餐：豬肉拉麵。

　　「ARIGATO GOSAIMAS ！」屋子裡又爆出這句，我不由得嚇了一跳，四下尋找發動這場聲音攻擊的人：有人站起來準備離開。店員立刻像掏出手槍狂掃似地接著說：「ARIGATO GOSAIMAS ！」

　　我對移民局的女士微笑，「這裡好像軍隊喔！」

　　「拉麵館都這樣，這間餐廳又……更特別一些！」

　　又過了好一會兒，我們的餐點才送上桌，我站起來想拍張照片。

　　「停！」老闆大吼一聲，聲調大到我的血液幾乎凍結。

　　「這裡禁止拍照，」女士告訴我，「已經說過了：這位老闆有點……」

　　「我知道：特別！」我笑了。

　　這時餐廳的空位多出幾個，但陸續上門的顧客和我們一樣在外頭等候。有人進來，有人離去，無論招呼或道別，都會響起窮凶極惡的「ARIGATO GOSAIMAS ！」聲調中隱含的燥性，一旁的人都快可以吹乾頭髮了。假使廚師用武士刀切洋蔥，像武士電影中那樣呼喊著殺啊衝啊，我一點都不會驚訝。

　　「請慢用。」我們互祝胃口大開，然後我伸手向筷子。

　　「哎，」女士小聲說，「老闆的規矩是吃麵之前要先喝湯，他有點……」

「明白！」我抓起弧形的日本湯匙放進湯裡，喝一口。

哇塞！

我的理智暫時消失，我像是從餐廳彈射進烹調天堂，味覺爆炸了！我情不自禁發出一聲呻吟，**我的天！！！**這一匙湯的味道真棒，我的牙齒像咬進了地球上最多汁、最濃郁、調味最佳的一塊煎豬肉排裡面！

「好吃嗎？」移民局女士一臉歡喜問我。

「好吃！好吃的不得了！」我的理智仍然尚未恢復！「我從來沒……」

「安靜。」老闆用一種想殺人的語調打斷我，一位店員很快地向我們解釋，這裡禁止交談。

他怪里怪氣的舉止固然不合常理，但為了享受這頓美食，不管他開口要求什麼，必要時我也可以倒立！

現在，因為我們沉默，屋子裡都是客人用力吸吮的聲音。在日本吃麵時大聲吸吮是一種悅耳的聲音，代表食物可口。**倘若我的母親知道，我小時候不停地吸吮其實是在讚美東西好吃的話，她當時的反應肯定不一樣！**

吃完麵後，我們衷心地向這位美味大師道謝，而他和店員發出最後一記響亮的「ARIGATO GOSAIMAS！」將我們彈射出去。

果然……有些特別。

2016 年 10 月

我與一對日本夫妻結伴，從福岡前往廣島。感謝我的線上翻譯 App，我們溝通沒有問題。現代科技讓一切變得可能，太不可思議了！半路上我才得知，原來這兩位其實根本沒打算離開福岡；但他們看到我在路邊舉牌，想要幫我，因此開車 230 公里到廣島，然後再折返。我已經在車子裡坐了整整一小時才了解他們

的心意時，我決定請他們在下一個休息站放我下車，好換搭另一輛真正必須開往廣島的車。他倆覺得送我一程有趣極了，而且和我拍了一大堆合照。假使我沒說，他們真的會為了送我去廣島開上 500 多公里！

一提到廣島這個地名，多數人總是想到美國於二次世界大戰末期投在這座城市的原子彈，我問自己，今日的兩百萬人如何在這裡安身立命？這個地區難道沒有輻射汙染嗎？

我聽說，原子彈在空中還是地面爆炸，兩者區別非常大。若是在地面爆炸，放射性物質會附著在泥塊上，在方圓內存在數十年，長期毒害土地。若是在空中爆炸，一如廣島和長崎，爆炸力固然更具破壞性，但放射性物質分布的面積更廣，長期後果較不嚴重。危險物質在最初幾星期內爆裂殆盡，剩餘物大量稀釋，遂變得幾乎無害。地球上任何地方、任何時候都有自然產生的輻射量，遠遠高於原子彈爆炸後幾十年內殘餘的輻射量。這種區別也清楚說明了核能電廠為何令人憂心。核能電廠一旦爆炸，後果就如同在地面上爆炸的核彈。

最後我來到原本是投下原子彈的首要目標城市：京都。這裡曾經是日本首都，長達數百年之久，即使遷都後，很長一段時間仍是天皇皇宮所在，一如字面上清楚指出的，它是個歷史古都。京都挺過戰爭純屬意外，堪稱一個小奇蹟，因為昔日首都一度位居美國投擲原子彈目的地名單上的首位，排在廣島與長崎前面。

對日本人以及今日觀光客而言很幸運的是，有人獨排眾議反對這個決定，這個人是當時的國防部長亨利・史汀生（Henry Stimson）。他大約在二戰爆發前 20 年造訪過京都，京都讓他眷戀難忘；有人猜，他或許在那裡度蜜月。因為有這段回憶，促使他卯足全力將京都從名單上剔除，而他憑著與當時總統的私人關係辦到了。

京都有兩百萬居民，命運只掌握在一個人手中，回想起來這

多可怕。確切說來，京都的命運全繫於他的旅遊回憶。這個強而有力的例子告訴我們，旅行可以讓我們的眼光超越日常熟悉事物範疇，清理我們的成見。特殊經歷比沉悶的理論有分量得多，這類經驗會永遠銘刻在我們心上。我比以前更加確定，長時期在路上發現新事物，會讓人大有斬獲。歌德曾說：「聰明的人會發現，最好的教育就在旅途中。」若是歌德這麼說，他肯定是對的！

日本有句諺語，每個熱愛旅行的年輕人應該都聽過，翻譯過來大致如下：「愛小孩就是讓他去旅行。」很不可思議吧！正因為幾乎所有父母都愛自己的小孩，就應該讓孩子們走出去！最糟糕的頂多是他們說：「日本諺語？我沒興趣！你待在這裡！」嘗試一次總是值得的。

無論如何我都認為：旅行永遠值得！

✳

話說回來，日本也值得一遊！可惜的是，日本的「增值」比其他國家貴上許多，實在可惜。所以我努力儘快前往東京，去那裡申請前往中國的簽證。

眾所周知現在日本的首都是東京，但知道這個地名真正含義的人不多。日文的 To 表示東部，Kyo 則是 Kyoto 的縮寫，也就是說，東京是東部的京都。更貼切的說法是「位於東部的首都」。想像一下，我們也這樣幫自己的地方命名！不叫「柏林」而是說「位於東部的首都」，或者不稱我家鄉附近的「漢堡」為漢堡，而是「世界的中心點」。我們德國人雖然也有透露所在方位的城市名，但顯然少了些詩情畫意。譬如「達姆城」（Darmstadt），我很抱歉不得不說，就是個不太成功的例子。玩笑歸玩笑：這種為地方命名的方式，只是東亞思維和語文與歐洲大不同的一個例子。

生活的基本態度則是另一回事。許多德國人選擇工作是為了

賺錢，大部分的日本人卻略有不同：他們希望用工作來捍衛自身的存在，證明值得活下去，並在職位上對社會有所貢獻。有人會工作而死也就不必大驚小怪了，而且真的有人這麼做。日本甚至因為過度工作致死的事件頻傳，而發展出「過勞死」的概念，對有些人來說，為公司工作而付出生命，這樣的死法很光榮。我倒是覺得很悲慘。

然而日本內部確實差異頗大，譬如大阪人在日本全國素有比其他地方的人更瘋狂、放得開的名聲，最能說明這一點的莫過於一場街頭實驗：要是你哪天來到大阪，膽子夠大的話，就到街上對著全然陌生的日本人表演默劇，佯裝自己要射殺對方。

我試過，真的：手比成一把手槍，發出一記巨大的「砰！」就夠了。很多大阪人會主動加入演出，在我面前表演出戲劇化的死亡情節。無論青少年、上班族，或是退休人士，他們會一起玩，然後在雙方大笑中落幕。幾個日本人甚至拔出自備的空氣槍展開反擊。

這種經歷只有大阪有！

2016 年 12 月

我從大阪搭渡輪去上海。雖然中國離德國很遠，我卻有種已經度過最大難關的感覺。起碼我現在可以完全走陸路返鄉，再也不需要在帆船上打工了。我心想。

搭便車在中國雖然新鮮，但卻意外地順利。因為中國人非常好奇又無拘無束。大部分那裡的人似乎不會受到外界影響，噪音、氣味、環境狹窄擁擠統統無所謂，就算有人在大廣場中央讓孩子在塑膠袋裡拉屎也沒關係。是的，這類事經常上演。我在街頭畫我搭便車的硬紙板時，有十幾二十個人過來圍觀，這在此地亦屬平常。碰到這種情況，總有不少人猜我會說流利的中文，因為我的紙板上的文字詳細又工整。其實我只是照著手機上的圖描摹而已。

　　除了幾句日常應對之外，我同樣只能靠手機裡的翻譯程式和人溝通。有一次我搭便車去東北時，認識了一位中國商人和他的妻子，他們邀請我上餐館吃晚餐。他們從未見過白種男人，因此這就成了他立刻打電話給幾位朋友的好理由。到了餐廳，服務員把這對夫婦和我帶進一間包廂。包廂在亞洲十分普遍，主要是客人可以不受干擾，享有私密空間。包廂內鋪了磁磚，牆上裝飾了深色木板，並且鑲上閃閃發亮的金邊。

　　這位商人讓我把手機給他，用食指在翻譯程式上寫了一個字，然後還給我要我看：「你喜歡中國菜嗎？」

　　我在手機上輸入回答，他們吃什麼，我就吃什麼；又寫了一些字。他滿意地點點頭，在沒有菜單的情況下點了幾道菜，我們這才坐下來。一開始我們是三個人，慢慢的又來了幾

位商人的朋友，不一會兒就湊成了七位。餐廳服務員不斷在桌子中間的玻璃旋轉盤上添加碗盤，直到桌腳因為食物碗盤太重發出哀號為止。有湯還有魚、牛肉、豆腐、茄子、雞肉、水果、裹了糖再加鹽烘烤過的花生、香菇，還有好多我不知如何分類的東西。我們慢慢轉盤子，每個人都能夾到所有的菜。

我們才開動，中國人便把酒杯斟滿。「敬可立！」東道主向大家舉杯，碰了我的杯子，我們一起喝下劣質的燒酒。他口中的「可立」就是我。為了回敬，我也與東道主乾了一杯，我說了什麼，在場的沒人聽懂，但是我對著東道主說，已清楚表達我的敬意。

剛把辛辣的液體灌下肚，鄰座就急著想幫我倒酒。「不，謝謝，不要燒酒，只喝啤酒，我是德國人呀！」我解釋並用手蓋住杯子。**若是這麼喝下去，恐怕沒完沒了！**

幸好他們了解了，讓人給我送啤酒來。這是一頓很紮實的大餐。吃光一盤菜，立刻會有一道新菜端上桌，而且菜餚香味中總是混雜著裊裊菸味。令我張口結舌的是中國人直接把雞骨頭和菸蒂往後面丟，甚至有人會把痰與鼻涕吐到地上。**這說明了為何這裡只有磁磚，沒有地毯。**

除了那位太太和我，全桌的人都在抽菸喝酒，和我父母那台破車一樣。當我們的肚子再也裝不下任何食物的時候，東道主的

四位朋友轉而對我勸酒。他們輪流把自己和我的酒杯斟滿，和我碰杯，然後仰脖一飲而盡。如果不想招惹敬酒的人，就必須有樣學樣。

我覺得要我獨自對付四個大個子有點不公平，尤其是我很久沒練習，已經不再那麼有酒量，自從到圭亞那後我就滴酒不沾了。然而碰到這種情況，我依舊擁有絕對優勢：他們似乎沒有察覺，他們喝的是烈酒，我喝的是啤酒，而我們用同樣大小的杯子。

只過了一小時，四個朋友全都趴在桌上，我們必須為這個晚上畫下句點。**九點剛過，哈哈。**

我之前就聽過在國外的中國人說了不少他們同胞的故事，今晚的畫面完全吻合。不過在德國的中國餐館也有少數相似之處：拚命抽菸和喝酒，乾杯，不尋常的用餐舉止，還有剩下三分之二的羹湯菜餚。

最後一點最讓我難過。快要過中國農曆新年了，這段期間中國人有很多菜碰都不碰，據說這樣會為明年帶來好運和豐餘。

雖然日本、中國和韓國毗鄰，相距並不遠，我再一次領悟到這些國家有多大不同，光是日本菜和中國菜就很不一樣！還有，日本人或韓國人若被誤認為中國人會很惱火，因為對他們而言，中國人不太文明。

我為自己下了一個中場結論：旅途中看見這麼多不同的風景很棒，有些山光水色真的引人入勝。但至少對我而言，風景不是路上最好、最重要的，它實際上只排在第三位。品嚐美食絕對更勝一籌，更加不尋常！

旅途上最重要的是人，一路上遇見、成為我旅途中最美好回憶的人。美不勝收的景致當下欣賞，日後可以藉照片回味（大多僅片段地重現實景），但人的故事和邂逅會永遠留在我們心中，影響我們。

　　一到北京我就懂了，為何不該在冬季來中國旅行：整座城市包在褐中帶灰的霧霾中，廢氣主要來自城外的工廠，卻因為環境的天候狀況被扣留下來。新聞播報判定這種情況為「有礙健康」，所以我在一家藥局買了一個口罩。我戴著口罩在城內遛達，一副剛從地下銳舞電子派對逃出來的模樣。但是有數不清的人寧可戴悶熱的口罩，也不要呼吸難聞的空氣。我用美食做補償，吃了一份道地的北京烤鴨和幾隻油炸蠍子。

　　看起來污穢的廢氣雲霧在短時間內不會散去，但在我要去長城參觀那天沒來由地消失了。終於又可以享受蔚藍的天空、陽光和氧氣！去爬的那段長城修復得非常完美，以至於我不清楚它是否具有歷史意義。但是那些尖尖的城垛和井然有序的城牆確實美輪美奐。

　　中國長城的絕大部分正在崩塌，用來補強的不是岩石，而是

黏土和泥土。有些人會想像白天沿著長城騎單車很浪漫，但這是不可能的。

另一則廣為流傳的神話是從月球上可以看見中國長城。純屬無稽之談，當然是個很棒的行銷玩笑！事實上長城的寬度並不夠，最寬的地方只有 9.1 公尺。打個比方，這就像憑自己的肉眼從兩至三公里外看一根頭髮。做得到這一點的人，想必也能從月球上眺望自己的房子，先決條件是，房子寬度是 9 公尺的 9 倍大。祝你好運！

即使事實有點令人悵然若失，長城依然非常震撼！無論規模和體積，它仍是世上最巨大的建築。此外，它蜿蜒在陡峭的山脊上。**要投資多少時間、精力、勞力和金錢啊！**

就建築的原始目的來說，長城也許是數世紀以來最大不當投資的一項。因為讓幾十萬人賠上性命的城牆結構，照理說應該能保護國家抵擋從北方來的敵人。但是長城並未全然發揮作用，侵略者不用攻克關隘，只要賄賂守衛就能堂而皇之入關。悲劇吧？惡魔就隱藏在細節裡。在小處沒有把握的人，往往在大事上挫敗。

※

我在西安度過耶誕節，那裡有著名的 2000 年兵馬俑遺址，真的很壯觀。接下來我往南走，打算到桂林附近，想看看利用魚鷹捕魚的漁夫技藝。那地方的人不用釣竿和鉤子，只靠一盞燈和一頭訓練過的魚鷹捕魚。漁夫們晚上開船到河上，點亮船頭的燈，

燈光吸引各種魚靠近，魚鷹再躍進水中捕捉。鷹的頸部繫了一根繩子，因此受限無法把新鮮漁獲吞下肚，所以牠的主人輕鬆地從鳥喙拿走那條魚。我看過這種傳統捕魚方法的照片，簡直出神入化，我一定要親眼瞧瞧。

　　還在西安近郊時，室外氣溫為零下三度，而我搭帳篷過夜。不過一天之後，往南翻越 1000 公里到了桂林，我竟然能穿著 T-Shirt 到處走。溫差這麼大！

　　我走路出發去考察。當我背著又大又重的背包走在不太堅固的路上時，讓我停止呼吸的不是辛苦，而是風景！綠油油的稻田和菜圃，戴黃斗笠的中國人在田間翻鬆泥土，或是把作物綑綁成束。田的四周有附帶雞舍的樸實房舍，幾片竹林和慢吞吞的水牛。**我好希望像這裡的小孩，能騎在這種健壯動物的背上。**

　　最讓人目不轉睛的莫過於有尖尖山頂的大山，好像從地上升起的碩大糖果屋。那些山看起來有如夢中的畫面，超脫現實又很

親切。一條河打岩石巨人的腳下潺潺流過。**如果哪天我退休了，就要住在這樣的地方！**這念頭在我腦海中一閃而過。條件是，到那時候這裡的自然風光沒有變。

我順著石頭河床走進一座村子。天色已晚，溫暖的夕陽餘暉拂過刷白漆的房子，幾條狗踱著閒步，不少人家的門戶大開，可以一窺室內光景。我瞥見一幅毛澤東肖像，就掛在一張老式沙發上方。內院裡的一間屋子前坐著一家人，媽媽、奶奶，連同四個小孩。猜想丈夫還在田裡忙。哇！真實的中國鄉村生活！這就是我希望看到的！我暗自高興不已。我打從這一家門口走過時，對他們說了一句「你好！」，他們回以友善的微笑。

雙腳將我帶往一個鋪了石板的橋型碼頭，類似竹筏的船在碼頭盪來盪去。說得確切些，是用六根粗壯的管子綑在一起，靠近一看不是竹子，而是塑膠管，我很失望。**如果這個地區有用魚鷹捕魚的漁夫，也許就是在這裡！**我放下背包，蹲在岸邊靜靜欣賞夕陽。水流激起水面小小的漩渦，岸上竹子的暗影映照在平靜的河上。空氣中飄散著燒木柴的味道，屋子裡的人開始做晚飯了。對岸某個地方響起了融合鼓聲、鈴鐺以及類似風笛的輕音樂，偶爾能聽到遠處煙火的爆炸聲。

我默默坐在河邊，任由思緒從捕魚和慶祝漫遊到一個適合過夜的地方，我突然想起曾經記下來的一段中國諺語：「小憩一下能

讓你愉悅一小時；追求一天的快樂，不妨去釣魚。若你希望歡喜一個月，那就結婚吧；若希望整年幸福快樂，就繼承一筆財產。但若你希望一輩子都開心，請幫助別人。」

珍貴又極具挑戰！我只是不是很確信時間長短。**觀看魚鷹捕魚帶給我的樂趣應該不只一天。**

夜幕低垂，我在碼頭遇見的第一個人是個中年男人，提著一個鐵桶來洗滌。「不好意思。」我先引起他注意，然後走過去，也許他可以幫我忙？

男人茫然地打量我，我把手機放到他手上，他倒是接受了。我在小螢幕上準備了一段中文字句：**在哪裡能看見用魚鷹捕魚的漁夫？我想和他們一起出船。**

這個人邊看邊讀字，讀完時他笑著搖搖頭。我立刻比手畫腳，告訴他可以把答覆寫在螢幕上。

我讀的是譯文：「沒有魚鷹，只給觀光客看，到處都禁止捕魚。」

什麼？不可能是真的！我問他碼頭上的船有哪些用途，「運輸，政府禁止捕魚。」

失算了！好吧，我其實應該想得到，在驚人的經濟成長下，偏遠地區不可能一成不變，雖然許多方面仍然與刻板印象相符！

我道謝，讓他繼續刷洗他的長褲。無論如何，光觀賞周遭的魔幻氣氛，這次遠遊值回票價！我們的地球是一件無與倫比的藝術品！它多采多姿，處處精微，美麗非凡！

2016／2017 新年

除夕夜我和米雪打電話談天。這段期間以來，我倆已有十分投契的感覺，雖然從未見過面，只偶爾從互傳的短片上露一下臉。這種認識方式雖然有點不尋常，但也令人興奮，而且與一般

日常的邂逅很不一樣。往來次數少，但深入許多，至少我清楚地感覺到，我的急切心情不斷增長中。但我還不曉得米雪是否也有同樣的心情，或者她只是把我當成一個好朋友……

　　我從桂林搭便車轉赴越南。邊境通道上的共產黨旗幟告知入境的旅客，誰才是當年越戰的勝利者。小提示：不是美國。

　　根據媒體報導這裡監視嚴密，又有不少禁忌，但我在越南領略到的與印象恰恰相反：我感受到如假包換的自由。日常中看起來你可以做任何事，或至少不會受罰，很多事情不用透過文件，透過朋友與關係就辦成了。總之不用靠官僚文件。這也許和這些國家的人口稠密、居住環境密集有關，你不得不與他人建立私人與信賴關係，比一般有秩序的西方大城市隨性親密多了。從各方面來看都比較有人性。這裡讓我感到怡然自得。

　　越南有許多善良百姓、迷人風景、富有異國情調的可口食物，而且也是東南亞國家中最物美價廉的國家。我真是太高興了。不過你得注意自己點了什麼。我們總是指責中國人吃狗肉，

但是我們四條腿的朋友更常出現在越南人的盤子裡。至少我看到了。貓肉也一樣。嚴格說來，有些國家會吃狗肉，只是我們沒料到。這些國家包括韓國、法屬玻里尼西亞、印度東北、夏威夷，甚至瑞士的幾個地方！

2017 年 1 月

越南簽證到期，我必須轉到寮國。我計畫只申請一次性簽證並立刻返回。越南有許多優點，加上我在那裡建立的友誼，很適合讓我多停留一段時間，在海灘附近租個房間寫我的旅遊報導。到目前為止我幾乎每天寫日記，希望盡可能把途中的經歷在返鄉之前寫下來。一旦回到節奏快速的德國，天知道我還有沒有時間把見聞記錄在紙上。

一抵達寮國首都永珍，我立刻就跑到越南使館。越早辦妥越南簽證越好。我在去使館的路上認識了幾個汽油走私販，他們在寮國逗留一星期後就要回越南，可以帶我走。如果屆時我口袋裡已經裝了新簽證，就可以趕在越南最盛大的節日農曆新年之前，在那邊與我的朋友一起慶祝。

我在越南使館的角落脫下邋遢的汗衫，換上一件乾淨的馬球衫。有些機構有服裝規定，**我可不想冒險**。我走進去，整個使館是一個舖有淺色瓷磚的空間，在狹窄的頂端有一個擦得亮晶晶的行政櫃台，右邊有幾張固定在金屬槓上的塑膠椅。許多機場也看得到相似的布置。

使館女公務員給我兩張表格。我已經很習慣這些制式程序，快速填好單子。把證明文件交出去時，女公務員給我一項優惠，繳交額外費用即可立刻簽發。一開始我覺得這項優惠實在太好了，但這位女士斟酌後把收費提高了兩倍，所以我拒絕了。這個決定卻演變成一樁意外驚喜。

我正要離開，一對年輕歐洲人樣貌的男女走進來，他們深褐色的肌膚和被太陽曬成淺色的頭髮，說明他們不是典型的短期背包客，已經旅行了一段時間。

「你們是那一國人？」我好奇地問他們。

「波蘭。」那位男士簡短地回答。

「你們已經旅行很久了嗎？」我猜。

「對，好幾個月了，正確說，我們不是搭飛機來的。」

我笑了，「看看我！我也是！你們走那一條路來的？」

這兩位顯得有些興趣了，「經過俄國、蒙古和中國，你呢？」

「我從另一個方向過來，經過大西洋和太平洋，不久就要經過印度回歐洲。」

「哇！」那位女士這時詫異地看著我，「你還是會搭飛機囉？」

我不安地搖搖頭，「不會，搭飛機不是我的選項。為什麼這樣問？」

「你要怎麼去印度？」

「從緬甸過去。」我提議。畢竟這是最近的國與國之間的連結，而且我半年前就得知，這個時候的邊境是開放的。

「很抱歉，兄弟，」男士把話接過來，「印度與緬甸之間的邊界關起來了，我們剛剛才查過，不然我們也會選擇這條路。」

哎呀！如果他說的對，我的計畫就要全部打掉重做了！但我說什麼也要去印度！

我立即告辭，匆匆跑到最近的一間有網路的咖啡館，我的護照還在越南使館，因為我沒有付立刻簽發的額外費用，假如我不

想申請簽證，到下午還能通知他們，而現在是午餐時間。

　　我研究了一下，那對波蘭情侶是對的：緬甸五個月以前重新封鎖了通往印度的邊界，因此我原初的計畫要泡湯了。但是我絕不考慮搭飛機。一來不希望破壞我至今費心保存的珍貴旅行感受；若是飛行，在一個地方登機，然後在另一個完全不同的地方下機，「中間」沒有體驗。我都能不搭飛機橫越大西洋與太平洋了，現在更有動力貫徹到旅程結束！

　　現在只有兩種選擇：回中國，從那裡取道昔日的蘇聯國家，或者直接越過俄國再回歐洲。這表示天氣更嚴寒，簽證費更高且申請費時費力，而且我將無緣看見印度。第二個折衷辦法：雖然東南亞和印度之間沒有渡輪，此外也沒有通航的船隻，但我仍舊可以試著渡過印度洋前往印度。

　　兩種可能之中較簡單也較可靠的是第一個選項。我在網路上查到，幾位在泰國的背包客已經試過第二個選項，可是沒有人成功。如果不搭飛機去印度，護照上得先蓋好簽證章。申請印度簽證要耗費幾星期，所以我必須盡快行動，並且在不知道能不能找到路的情況下就繳交費用。換句話說，選項二是個「孤注一擲」方案。

　　在這樣的情況下，我會保守地去找一艘船。我稍稍往這方面打聽一下後得知，少數會開往印度的帆船早就因為行政作業繁瑣而作罷。**聽起來不妙，最適合駕帆船通過印度洋的季節是什麼時候？**很快就查到了，按幾個鍵然後……我好驚訝，就是現在！

　　現在已經沒有太多時間考慮瘋狂的第二選項了。越南使館在幾分鐘內要關門，如果我還想取回護照，然後去找船，愈快愈好，就必須立刻中斷申請越南簽證。我焦灼地想來想去：選一還是選二？

　　採行第一個當然比較理智。我請教上帝，突然出乎意料地確信，我應該投第二選項一票。那是一種難以形容的感覺，我頂多

能把它比喻成心中羅盤指引了這個方向。我向來偏好數學和科學，所以通常對這種模糊感覺抱持存疑，但這件事另當別論。感覺上不單是有人給我明確暗示，而且還狠狠訓了我一頓，因此我又仔細考慮一遍。就像那時候，我想渡過大西洋，在西班牙先遇到了那位帆船教練，又正好趕上了適合出航的時節。也像在南美洲的時候，我父母搬家了，我以為得要搭機返鄉辦理遷戶，申報時因為一台故障的印表機而闖關成功。兩次我都有獲得指示的感覺，所有信號都指向綠燈，果真也都輕騎過關。搭船從菲律賓到韓國也是。

這種感覺不是常常有，而是非常稀罕。一旦感覺湧上心頭就再清楚不過。就像現在。

我從沒和人討論過緬甸這條路線，偏偏今天有人告訴我，現在正是駕帆船的最佳時節，我還沒在越南租下房子，又意外地沒申請快速簽證，而是還在觀望，我反正要去西南方……

心意已決。根據我長期和帆船手相處的經驗，我很清楚該從什麼地方開始：**泰國，我來啦！**

2017 年 1 月

我從永珍出發前往曼谷，在曼谷將我的護照和所有必備表格用快遞寄到德國，以便申請印度簽證。巴基斯坦和伊朗的簽證同樣只能由我在德國的家人為我申請；許多國家法律上並未明令禁止不帶證件上路。然而被問到時，必須能夠提出證明，因此我多半被勸告別遊走在法律邊緣，能免則免。

護照寄達德國到重新回到我手上會耗時幾星期，我打算利用這段期間找一艘開往印度的船。第一個起跑點是普吉島。除了馬來西亞的蘭卡威，普吉島是印度洋這邊最大的遊艇樞紐。那位和我一起駕帆船去韓國的結實俄國人就住在那裡，在遊艇上工作。

所以，我已經有了一個完美的起點。

　　到達普吉島後我得知，一起經歷中國東海航程的船長這幾日也在那裡工作。命運又讓我們三人聚首。多美好的重聚呀！

　　我幫他們工作，結實的俄國人好心幫我在他的客廳鋪了一個臥鋪，又介紹我認識許多重要人士，真是對我好得不得了！找船的前景不明朗，但多虧有他協助，我只花了兩星期就找到三月初要駕船去印度的人。這一次的船長還是德國人！

　　我的護照成功完成簽證任務，終於在最後一刻寄回泰國到我手上。假使護照晚到幾天，我停留的時間便會逾期，必須繳一筆罰金。但一切配合得天衣無縫。距離德國船長從普吉島啟航還有些時間，而我想延長泰國簽證，於是往南繞道，遊覽馬來西亞和新加坡。當我再度踏上回程，正要步行越過邊界前往泰國時，我忽然遇上了麻煩。

2017 年 2 月

　　夜晚時分我沿著邊境小城的大街走。白天的餘熱未散，我循著適合搭便車的人站的位置，不知道還要再走多久。這條路像波浪一樣在山丘上蜿蜒，山擋住了我的視線。夾腳拖下人行道的顏色灰白與紅褐交替。路邊攤的風扇把炸雞香味吹到我這邊，小販坐在移動櫃台後面的塑膠椅上，跟朋友與路人聊天。包食物的紙和辣椒醬包已準備就緒。街邊拉出亂七八糟的電線，從一根水泥桿接到下一根。水泥桿下方停著成排摩托車。

　　我在街上走了一刻鐘，這一側的商店與路邊攤漸漸變少了，但是依舊沒看到車輛一定會停下來的地點。我慢慢開始懷疑究竟有沒有車會開過。**我應該直接在邊界等才對！**但現在我已經走太遠了。

　　「對不起，打擾一下！」我向一對正要鑽進路邊一輛橄欖綠小

汽車的夫妻揮手，他倆好奇地朝我這邊看。我拿出手機，請他們看我的泰文訊息：能不能送我到這條大街的下一個紅綠燈那裡？

「我不懂泰文，」那個男人用英語說，「我們是馬來西亞人，有何貴幹？」

那更好。我用馬來文重複了同樣的問題。

「我們很樂意載你一程。」這對夫妻同意了。於是我擠進狹小的後座，坐在幾個購物袋旁邊。男人發動汽車，前進後退好幾次依舊出不去。透過後照鏡才明白：一位機車騎士把他的車堵住了。

「馬上解決。」我打開車門，稍微把摩托車往後抬，好讓那男人開出來。我回到後座時，兩個人都道謝，「這是應該的，」我平靜地說，「你們要去哪裡？」

「我們其實要找一間藥局，」男人說，「所以真的只能載你一小段。」

事實上他們把我送到一公里外一間山丘上的商店旁就放我下車了。**總比什麼都沒有好！**我再次徒步上路，經過一間迪斯可舞廳，一位警察正在檢查坐在一輛黑色越野車裡的乘客。走了幾百公尺後，我伸手向褲袋，想研究一下手機裡的離線地圖。但我的手機不見了！另一隻手伸進另一個口袋，同樣空空如也。**難道⋯⋯**我慌張地拍打長褲，全都是平的，**我的手機呢？**我緊張起來，那雖然不是什麼高科技儀器，卻是我最昂貴的裝備，比起搞丟錢，手機內儲存的資料更值錢！**重要的聯絡資料、筆記、照片、通訊⋯⋯**對現代人來說，搞丟手機是最昂貴的惡夢！不，管它貴不貴，真的是一場惡夢！

上次用手機是什麼時候？我焦急地想了又想，大氣不敢喘一下。**那輛小汽車上！**一定是從口袋滑出來，掉到座位上了。我轉身跑下山坡，往我來的方向跑去，背包晃動得很厲害。重量讓我的雙腿很快就變得鉛一樣重，而且呼吸十分急促，但我不能休息。只要還有時間去爭取，就要好好利用！

我氣喘吁吁地繼續跑，經過警察仍在檢查那輛越野車的迪斯可舞廳。當我看到那家商店旁邊停著一輛白色小客車的時候，我放慢了腳步。**是那輛車嗎？**我記不得它的顏色和款式了。天已黑了，我睡眠不足，何況我已經搭過不知道多少回便車，這類細節不會留在腦海中。

　　我從車窗玻璃往車內瞧，呼吸又停止了，裡面既沒有手機，也沒有後座！**不是這輛！不！！！**我急切地四下張望想找出蛛絲馬跡，但一點用也沒有：那輛車連同我的手機一起帶走了。**我不相信！**

　　我火速衝向迪斯可舞廳，那裡的情景沒有變。這時我才發現，那輛越野車應該是警察的，並沒有被檢查。

　　「對不起……」在我一股腦兒向最優秀的警察訴說煩惱之前，我禮貌地欠身：「有兩個人讓我搭他們便車我的手機掉了出來然後我就走了現在才發覺當我回去找時他們當然已經離開了！」

　　就算警察會說英語，想必一個字也沒聽懂。我伸手進口袋，想使用翻譯軟體，但是手機早就不見了呀！

　　不管怎樣，這位警察了解我有話要說。他示意我坐上他的摩托車，和他一起去警察局，就在 200 公尺外。**說不定可以從商店的監視器辨識出那輛車？假使他們已經開往馬來西亞方向，也許可以在邊界攔下來？或者在那之前就尋獲他們的蹤跡？總是有辦法可想的！**

　　警察把我帶進這一區的辦公室，然後我向一位懂一點英文的公務員解釋我的處境。他要我等他的幾位同事回來，挪了一把椅子給我。我沒坐下，反而跑到外面的路口。這位警察覺得奇怪，拚命揮手要我回去。

　　我回頭大聲說：「我要看著這條路，說不定他們會開回來。」我拿不定主意。警察一邊勸我進辦公室，我一邊不斷倉促抬起頭去看路上的車，看起來應該很像肩背肌肉抽搐症。

「我們能不能在外面……」我正在說，突然一聲「這裡！」打斷了我。

對街有一輛橄欖綠小車往便利超商的方向開過去。**是那輛車嗎？**駕駛模糊的輪廓向前，似乎在找什麼。**也許在找人！**我的心臟狂跳。

「我想，我看見那輛車了！快，我要去商店！」我大喊，期待地看著他們，但沒人動一下。我在警察的眼中讀出困惑，他們大概以為我是瘋子！不能怪他們！我全力衝向入口，打算走路過去。

「年輕人！」背後有人用泰語大喊：「停！」說英語的警察對我說：「他送你去。」我開心地跨上機車，我們就要呼嘯……不動。

坐我前面的人和其他警察說了幾句話，其他人回答，然後又是他說話。他們說什麼，我聽不懂，但有一點我倒是懂：**我們動不了！！！**大約過了半分鐘，我又跳下摩托車，再次往出口的方向跑。**我沒時間耗了！如果那兩個馬來西亞人在這裡找我，肯定不會找很久！**

「好了好了，他帶你去。」我背後有個警察大聲說。我思忖著該不該相信他們，機車騎士趕上了我。我跳上車，於是我們逆向騎到小丘上。路中央的分界阻礙我們換到正確的行駛方向，不然就得繞點路。我腦海迅速閃過一個問題：**警察可以這樣騎車嗎？無所謂，重要的是快快抵達！**

「這裡，這裡！年輕人！」我請他在商店所在的高地停下來，商店入口處停著……**那輛橄欖綠小汽車！！！**我透過車窗窺進車內，是這輛沒錯！只不過我沒找到我的手機。

「嘿！」此時一位街頭小販想引起我的注意，他就站在幾公尺外，伸出手臂指向迪斯可舞廳的方向。

我在舞廳前的紅綠燈處看見那對馬來西亞夫妻！兩人一臉憂心四下張望。我對小販說謝謝，然後快跑起來，「這裡！哈囉！」

「你的手機在我們這裡！」他們喊過來。

跑到他們身邊時，我二話不說一把摟住他們的脖子，他們似乎覺得很不自在。也許馬來西亞人對陌生人不會如此熱情洋溢。但我單純覺得好幸運！我一定要宣洩我的感激和鬆了一口氣的心情！

「我們整理採購的東西時，在後座發現你的手機，馬上掉頭。」那位女士說。

「我不知道如何感謝你們！」

「這是應該的。」他們重複我自己先前說過的話。

他們開走時，我搖搖頭。只為了少走一公里路，卻引起了一場騷動！

✳

回到普吉島後，我與德國船長達成協議，我和他一起去印度的安達曼群島，他會從那裡繼續航行至斯里蘭卡，而我搭渡輪去加爾各答。理論上如此。

動身往印度洋之前，先駕船到一座我們想探勘的泰國岩島。我的新船長是個像印第安納‧瓊斯的老經驗冒險家兼發現者，一個很酷的傢伙！

看到這座無人居的叢林島嶼時，我差點從椅子上跌下來；如果有椅子可以坐的話！我們下錨的海灣看起來非常宏偉！岩石上有紋理，代表裡面有數不清的洞和鐘乳石，很像張開的咽喉把山吐出水面。猴子沿著陡峭的岩壁攀爬，後面攀牙府的石灰岩景觀矗立在海面上，好像一頭巨大原始野獸的大尖牙。

「在這裡會有置身金剛電影場景的感覺！只是岩石上少了一頭搥打自己胸膛的大猩猩！」船長興奮地下結論。

退潮時我們準備好小艇，戴上頭燈，划進一個我們下錨處對

面的洞穴。時間的鋸齒鑽進岩石，鑽得很深很深。方才海水淹滿了入口，現在海平面降低，通往那座山的入口敞開了。

走過幾個彎道後，到達日光照不進來的地方。潮濕的空氣陳腐又沉悶。蝙蝠群掛在洞頂的鐘乳石上。牠們柔細的褐色毛皮，瞇起來的發皺眼睛，壓扁的口鼻，看起來好像有翅膀的小豬。飛豬！我心裡想，忍不住笑了。我們一直往深處划，直到抵達洞穴底端，牆擋住了繼續前進的路，但水面下有光在閃耀。

「那一定是個通道！」船長推斷。

「好，我就充當試潛員吧！」

「快去！」船長核准了。

我滑入水中，大約在低矮的鐘乳石下游了 10 公尺，來到我們猜想是入口的地方。我潛入水中跟著光線前進。與洞穴其他地方相比，這條通道十分狹窄，我估計不超過一公尺寬。

幾公尺後，洞打開了，我揉掉眼睛上的海水，大吃一驚！一**座封閉在山中的潟湖**！高聳入天的筆直岩壁像一口直徑絕對有幾

百公尺的鍋子，裡面長滿植物。北面岔出一條支流。它流向何方？**說不定以前的海盜在這裡藏了寶藏？**這些景觀營造出冒險氛圍！我正想遊過去查看一下，忽然想到，我還得找得到回去的路才行！

我停頓一下，瞧瞧背後的灰石牆。該死的通道在那裡？從裡面出來時只需要跟著光線，但我從現在的位置，看不見水底下通往陰暗洞穴的入口。海水因為漲潮而湧入，隧道內的水位漸漸升高。如果我現在不回去，就得等上 10 小時，等待下一次退潮，還不見得一定找得到隧道，況且船長根本不曉得我有沒有到達出口。**如果我沒有回去，他最後會發射警報！**我絕對不能製造麻煩！

「你聽得見我嗎？」我大聲喊後仔細聽，沒有答覆，海水和厚重的岩石把聲音徹底封起來了。我沿著牆邊潛水，手指觸摸粗糙的邊緣。有好多洞穴，我可以潛水穿過去！我最不想要的結果是因為選錯了隧道而溺死在水底洞穴裡！我浮出水面深呼吸，思索該怎麼做。無論如何都不能等退潮。

等等！我發覺幾公尺外的水面有淺淺的漩渦。**這裡有水流！如果有水流進來，通道應該就在附近！**我潛入水中，沿著牆摸索，然後進入山裡。水很混濁，越往前變得越黑。我覺得自己和鼴鼠一樣瞎。肺部猛然拉扯，我知道快要沒空氣了。先不管這個繼續潛水。這裡應該有可以往上的地方……

我的腿擦過尖銳邊緣，手探觸一個空洞想找空氣，但那裡只有石頭和水。我陷入驚慌，心跳加速，氧氣因此變更少了。我試著讓自己平靜下來。擅長激勵人心的講者艾力克·湯瑪斯（Eric Thomas）講過的一則故事驀地閃過腦海：一個追求成功的男人拜訪一位智者，想跟著他學習。智者帶他到海邊潛水，當這個男人想要呼吸時，智者把他壓下去，男人害怕得抵抗，但智者把他更往水深處重壓下去。男人快要失去意識時，智者才讓他浮出水

面。男人急促地吸氣時，智者說：「如果你很想要什麼東西，就像你現在想呼吸一樣，你會得到它。」

非常激勵人！但說實話，此刻我寧可呼吸，勝過找那個可恨的通道。否則我很危險。我決定返回。運氣和之前一樣好，一下子就找到回去的路。跟著光線準沒錯！只不過我必須慢慢來，免得腦袋撞上鐘乳石。

終於重返出口時，我趕緊呼吸，很慶幸那裡沒有不讓我呼吸的智者。等到脈搏恢復平靜，我就再度潛水探索，也再次白費了功夫。一直試到第三次，我才找到返回洞穴的通道。

「這麼久你跑那裡去啦？」我游向小艇時，鬆了一口氣的船長問我。

「我差點就找不到回來的路！」我迅速把危險的經歷描述一遍。但過不了多久，我就熱烈地談起那座隱藏起來的潟湖。我猶豫地推開小艇，「我要再去一次，只要三分鐘，」我說。

「小心。」船長憂心忡忡提醒我。我潛水回去，很快就到達潟湖。

這次我好好記住通道的位置，然後游自由式到離開潟湖的河道，一直游到能看見這條河通往另一個潟湖的地方。眼前景象讓我非常興奮，以至於逗留時間超過了三分鐘。

我返回時，水位又上升了，隧道比之前浸水更深。幸運的是，我現在知道要走那條路出去。

「有好幾座藏起來的潟湖呢，真是不得了！」我潛出洞穴時喘著氣說。

「晚一點等水退了，我們一定要再去一趟！我潛水，你留下來！」船長充滿期待地說。

可惜我們回來時，沒有找到海盜藏起來的黃金寶箱。不過也不需要了。**真正的寶藏是大自然！**

✳

我們從泰國航行到安達曼群島。雖然島嶼離陸地很遠,但這裡充滿了典型印度的「異國熙攘紛亂」!摩托車的喇叭聲、彩繪的瓦楞鐵皮屋,東方音樂透過擴音器大聲播放出來,一首蓋過一首;線香和食物咄咄逼人的味道,以及更逃避不了的乞丐氣味;穿著鮮豔紗麗的女子,當然還有數不清的牛隻在垃圾堆之間閒晃,尋找食物。特別是垃圾!這裡也印證後來我在印度國土上見到的:印度有很嚴重的垃圾問題。塑膠垃圾、各式包裝,全部隨意丟棄。這裡不太有收垃圾這回事,也沒有誰想多了解一下。看起來這不僅與貧窮有關,可惜也肇因於社會及文化。

我有一位在俄國完成部份醫科訓練的印度朋友,他離開很久之後終於返鄉,首先想到的是:「印度是一座龐大的動物園!當我察覺那些氣味、燠熱,以及雜亂無章的人們時,我心想:我天殺的來到什麼地方啊?」

這真的是一個兩極化的國家。你要不愛它,要不就痛恨它;沒有折中態度。根據我的第一印象,我顯然屬於愛它的那個族群!東西的多元性,既新穎又陌生,立刻就征服了我這顆旅人的心!儘管如此,我要盡快多了解印度的黑暗面……

✳

到達和離開印度需要辦理龐大的官僚手續,而德國船長知之甚詳,所以委託一個旅行社代理處理這些事情。我現在離開甲板,要在這最後時刻付給代理大約

35 歐元的「出境費」。**大概是付給移民局吧，因為不是搭船來安達曼群島的人需要一張特別許可。**

一如協商好的，德國船長接下來要駕他的船前往斯里蘭卡，而我跋涉到港口大廳，在那裡買一張去陸地的渡輪船票。光是獲准可以站在櫃台前就必須先準備好一堆文件，非常不人道！我需要兩張護照相片，幾份護照影本，一份特區許可影本，還要填數不清的表格，其中甚至要透露我的胸圍，我有幾顆痣，各長在什麼部位！如果想要登上伸展台，這些想必很重要，但我只是買張船票，為什麼要一一交代呢？

未來幾天的票早已賣光了，我只買到一張六天後開航的船票。**沒問題，我就在這座島上旅行一星期。**我現在得把船票拿到旅行社代理那邊，他們要求看船票。然後一切都搞定了。或許吧？

我打開代理辦公室的門走進去。和外頭相比，屋內涼爽舒適，冷氣機把室內維持在可以忍受的溫度。幾個印度人在各自的電腦上輸入資料，一副很勤快的樣子。

「我想和負責人說話。」我說。

「我來通知，他立刻會到。」一位職員回答，示意我去一張破爛的沙發上等候。

木板牆上掛著為印度國航「印度航空」的海報，上面畫著一架飛機和一張飛毯，搭配廣告詞：「來趟不同的體驗」。

負責人兩小時之後走進來，坐在大書桌後面的皮製辦公椅上。「馬上」似乎是一個非常彈性的概念！

他問我，「有什麼事？你買到票了？」

我從口袋裡撈出那張票遞給他，「嗯，都辦好了，六天後離開。」

「什麼？不行！」負責人嚇壞了，大聲說，「你必須在三天內離開安達曼群島！這是移民局讓你下船的唯一條件，過境三天！」

請再說一遍？真不錯，我現在才聽說。「我的簽證和所有目前申辦的表格都不能讓我停留久一點嗎？」

負責人搖搖頭。印度人的「是」讓人看得暈頭轉向，但是這情況看起來意思是「不是」。他解釋，「安達曼群島是個管制區，每位訪客都需要一張一定得在大陸申請的特別許可。」

「一張特別許可，加上船隻進入特區的許可？」我皺起了眉頭。

「你弄懂了。」

我雙手一攤，「拜託告訴我，我付的那個出境費是幹嘛的？」

「去旅館和機場的運輸費。」

「什麼時候要運輸？」**暫且不論我既不住旅館也不搭飛機。還有，為何不乾脆稱它為「運輸費」，反而稱它「出境費」呢？**

「你沒有使用到這項服務，我退給你百分之八十好了。」負責人表現出他的慷慨。

哈，小有斬獲。「那麼，」我回到原先的論點，「萬一我沒辦法換船票，不得不多停留幾天呢？明後兩天的票都賣光了，櫃檯的人告訴我的。」

「移民局的人會把你送上一架飛機，機票錢算你的。」負責人很嚴肅地下結論。

什麼？這樣一來，我「不搭飛機環遊世界」的計畫，在抵達終點前就要泡湯了！絕對不行！我只有一天的時間扭轉情勢。

✳

我直接去找港口大廳的主管，再一次得到相同的答案：「票已賣光。」

我想，**現在我真正需要奇蹟！**如果奇蹟出現我不會意外──儘管情勢不妙，這一次我仍舊覺得應該會峰迴路轉。

我先在大廳內有遮頂的等候區坐下來，苦苦思索我的處境。汗水從太陽穴流下，我坐的椅子上方有一架嘎嘎作響的電風扇，我好感激。隔幾個座位外有幾個印度人往前擠，在櫃檯前的長龍吵起來。關於紀律以及如何井然有序地排隊，他們應可以向德國的幼稚園小朋友學習。

　　「我可以坐在你旁邊嗎？」一個頭髮蓬鬆的胖胖白種男人邊說邊指著我旁邊的空位。他穿了一條灰色短褲、涼鞋，以及一件紫色格子襯衫。

　　「請便！」我點頭。

　　我們聊起來。他是比利時人，剛搭渡輪來到安達曼群島。「你為什麼來這裡呢？」他問我。

　　我把來到此地走過的行程描述給他聽，現在遇到了阻礙，恐怕會影響接下來的行程。

　　「你會解決的！」他為我打氣。「和你簡短交談，我就發現你有一個特點，你一看就是讓事情行得通的人。」

　　「不，你弄錯了，」我反駁他，「很多次我非常賣力，但如果情況不跟著一起變，還是一點用都沒有。很多情況完全不在我的掌握中，最後卻柳暗花明，但絕對不是因為我有點特別，也不是因為我做出什麼驚人表現！」

　　「總是有些好運吧！」比利時人對我使個眼色。

　　「『一點』太誇張了，」我笑著說，「你知道嗎？我經歷了好多，如果我還願意相信意外，就太不理性了。」

　　「所以你相信命運囉？」比利時人揚起一邊的眉毛。

　　「其實我相信恩賜，」我整合目前為止的認知，「我想那既不是規律，也不是意外，更不是我比隨便哪個人都該得到多一些。我相信，鼓勵我去尋找施予者，本身就是一份禮物。」

　　第二天再去嘗試，沒有大張旗鼓也沒大肆喧鬧，然後……買

到了我想要的船票！我不知道是否有人在我去之前退了一張票，或者另有事情發生，讓我獲得這個空位。但我知道，我並非當之無愧！

　　三天半後，渡輪抵達加爾各答。最後一天我們沿著一個三角洲航行幾十公里，河岸上處處可見燒磚場的煙囪，起碼有上百家磚廠。

　　途中我收到米雪捎來的驚喜，她的消息也讓我緊張。我們認識 15 個月了，好多次我倆在無話不談之後打趣說：「哪天我們一起喝咖啡再好好聊一聊。」最後半玩笑半認真地擬定了喝咖啡的地點：孟買。

　　我請米雪決定見面日期，她選了四月一日。我不知道該不該把這個訊息當真，我聽說米雪因為在愚人節大開玩笑而惡名昭彰。但我仍然高興得像什麼似的，希望這不單是一個玩笑，如果她真的來印度，我就有機會知曉，她眼中的我是否比「只是一位朋友」還要多一些。至於她在我心中的分量，這期間已經十分明顯了。倘若她沒來，我們之間就像字面上的含義「玩完了」……至少我們雙方都明白。

　　我有七天的時間走完加爾各答與孟買兩地之間的 2000 公里，然後去機場接米雪。德國高速公路一到兩天能完成的距離，在印度要多花上一些時間。

　　具體說來：我在國道高速公路上匍匐前進，換搭不同的貨車，時速大約 40 公里；此外，毒辣的太陽在彩繪鐵皮車頂上燃燒。這個三月，印度與巴基斯坦被熱浪襲擊，氣溫破紀錄的攀升至攝氏 51 度。自 1956 年以後，這些數字便不曾出現過。

　　即使速度很慢，每當駕駛為了避開坑洞或牛隻，在最後一刻

用力讓方向盤掉頭時，車子還是會驚天動地搖晃。在通往北方草原的主要街道上，到處是坑洞和牛，感覺比瀝青面積還多。街道邊大量翻覆的車輛提醒我們，危險有時也帶來損失。

許多貨車駕駛在儀表板上供奉一尊印度教濕婆神的小雕像，以保佑自己不發生事故，早晚都要上一柱形如大麻的香。這不只讓他們安心，也帶來好心情，從他們愉快哼唱的心靈小曲便可得知。至少我在兩位載我的卡車司機身上觀察得出來。

✳

一天晚上，我搭乘的大貨車哀哀哼哼之後停下來。兩位駕駛中的一位坐在方向盤前，另外一位躺在後座，在我旁邊呼呼大睡，夜已深了。

「你要下車嗎？」駕駛轉過來問我，我睡眼朦朧抬起頭來。

「要，很急。」我迷迷糊糊低語。我掙扎著坐直，爬出車外，不知為什麼我頭好暈。我們的車停在一個小鎮上，星星在夜空中閃爍，靛藍色的地平線那裡露出幾間遠方房子的模糊輪廓。遼闊使得這個地方顯得孤寂又空盪。

漫天灰塵中，我溜到貨車後面，就著一顆光禿禿的樹解開長

褲的鈕扣。印度只有極少數的地方有真正的廁所，人們寧可隨便在大草原上靠一瓶水解決大事，而不願意挖個洞或鋪設排水管道。有些居民達數百人的村莊連一間像樣的廁所都沒有！

我放心大膽地解放，但只滴了幾滴，尿不出來，我卻感覺到內急得不得了。我靠在這棵樹光滑的樹幹上，用力排尿。**為什麼就是尿不出來呢？**尿道似乎被封起來了，**我的膀胱肯定有結石！**我猜。雖然我從未有過膀胱結石，不曉得那是種什麼感覺，但我想這是唯一的解釋。我再次試著用力痾尿，卻一陣天旋地轉，眼前所見暗了下去，星星之外又增加了成千上百個光點。我深呼吸幾次，頭靠在膝蓋上，直到暈眩的感覺消失一半。這樣不行，**我需要一個不受干擾的地方，好使出全身力氣把那顆石頭擠壓出來。**我沒有別的脫離這種窘境的點子，不想冒上膀胱不知道什麼時候破裂的風險。

我和之前一樣茫茫然踩著沉重的步伐走下街道，來到一棟很大的建築物前，沿著圍牆走到房子後面。一片漆黑，空氣中有糞臭。**我想必不是第一個想到這個點子的人。**每走一步，地上的落葉便沙沙作響，其間還有發出彩光的塑膠製品殘骸。

我站住，準備好要接受疼痛。我繃緊腹肌，盡可能用力。好難受，四周都在轉，我慢慢倒在圍牆旁邊突起的水泥上。

髒死了，但比地地……上上……喔……嗯。

✳

　　什麼難聞的臭味？我瞇著眼睛看，樹葉嗎？我在哪裡？我覺得鼻子上有個軟軟的東西，**感謝老天現在天很黑！**我的手指伸進樹葉裡，撐直身子。**過多久了？我失去知覺多久了？大貨車在那裡？**

　　我一步一步沿著圍牆爬起來，雙腿打顫，泥土從我的頭髮紛紛落下，全身上下都有大片的黏稠污垢，幸虧倒下時力道不大。我小心翼翼踏出一隻腳，身上卻一點力氣都沒有。我覺得自己是個空殼子，發抖、癱軟無力，在路上像個殭屍一樣搖搖擺擺。我大概看起來就是這樣吧。

　　那位印度駕駛站在大貨車後照鏡發出的紅光中，他的頭轉來轉去，正在尋找失蹤的乘客。

　　「這裡！」我上氣不接下氣，蹣跚朝他走去。

　　他點頭並生硬地說：「走！我們要繼續開！」說時他已經跑到駕駛座上了，昏暗中他沒看出我的臉色有多憔悴慘白。

　　我無助地跟在他身後搖晃，「不！回來！」第二次呼喊已經耗盡了我僅剩的力氣，「我……需要……幫忙。」是我還能吐出的話。接下來我又彎靠在膝蓋上，兩手插進泥灰中撐住身體。我喘著氣力抗作嘔的感覺，眼前金星亂冒。

　　一會兒之後有兩隻手抓著我的腋下，把我拉起來；印度人又來了。「我……要小便，跌倒了。」我結結巴巴解釋。我的視線必須盯住地上，否則要吐出來了。

　　印度人默默地把我拉回貨車，我想幫他一把，拖著腳走，結果沒幫上忙，反而更糟。**我感激涕零，因為我不孤單！**

　　我們走到貨車那裡時，他把我的手放在踏板上，如此我可以撐住。「我們必須把你弄乾淨！」他在駕駛座上翻來找去，想拿一瓶水，這時我的雙膝又軟了。我好內疚，但是身體已經不歸我管了。

印度人幫我重新站起來，然後他扶著我，把水倒在污垢上，我試著搓揉。我腦子裡傳出來的麻痺和這些髒東西一起變軟了，以至於我倆一起跌在駕駛座上。我聞起來依舊像垃圾，頭髮和之前一樣沾黏了小團的髒東西。**拜託，希望是泥土！**

　　我們轟隆轟隆發動車子，副駕駛和之前一樣裹著毛毯睡在後座。**算我好運，印度人不太在意清潔衛生，座位也不是一塵不染。**

　　「喝水！」印度人說著丟過一瓶水在我的大腿上。

　　我想也不想大口喝了幾口，然後我停下來，憂心地說：「不能再喝了，不然膀胱要爆了。」

　　印度人邊笑邊塞了口嚼菸草類的東西到嘴裡，「不會爆，你脫水了，身體在鬧情緒。」

　　我花了點時間才弄懂他的意思。**所以我膀胱內的感覺不是真的囉？**現在我也笑了，仔細想起來實在太好笑了，我像個神經錯亂的人一直試圖小便，事實上我需要的是喝水！進行這項崇高的嘗試時，還大大摔倒在一堆（我不想提起的東西）上頭。**沾惹一身腥！**

✳

　　到了早上，駕駛為我弄來一瓶兩公升的可樂，我加了兩茶匙鹽進去。不舒服到了下午就好多了。

　　我從這件事學到一點，那就是我們應該時時注意，要喝足夠的水；同時也學到一點，那就是有人在一旁伸出援手攸關性命，我們不能輕忽這件事。尤其在人不舒服的時候。那位貨車駕駛可以把我扔在一邊，把車開走，帶走我的背包，但他們沒有，反而悉心照顧我。我難以表達我至今仍對他們懷抱的感激！

　　我們每個人都希望能獲得他人支持，即使要付出一些代價。但我們是否也願意付出代價支持別人呢？這兩位印度人終其一生

賺的錢不會比絕大多數的德國人多，然而他們——如同我在旅途中遇到的數不清的人——不假思索便投注精力在他們的小孩、家人，甚至我這個陌生人身上，而這會使他們到最後比大部分的德國人還要快樂。

一項哈佛研究花了 75 年追蹤不同社會背景的男人，得出以下結論：最快樂也最健康的，不是那些最有成就、最有名，或者最富有的男人，也不是最英俊、最有天賦，或者受過高等教育的男人。恰恰相反。所有這些因素對我們生活的滿意度僅有極微小的貢獻；這與許多雜誌、電視節目和網頁想要告訴我們的大異其趣。最快樂的人是擁有良好關係的人！這至關重要，所以我要重複一次：最快樂的人是擁有良好關係的人！身邊有足堪信賴的家人與朋友，再艱困也願意支持他的人，這種人最快樂。反過來也是，因為幾乎沒有別的東西能讓人像幫助人時那麼快樂。

這些話像是說給幼稚園小朋友聽的，但是每個人都知道，而且也都同意。不過，事實上，富裕西方國家的人越來越寂寞。我們似乎做錯了什麼。我明白自己傾向一再承諾做更多工作，沒有留充裕的時間給身邊的人。因此，我要把他們放在我心中的優先地位！

所以，我們不是只計畫做一次，而是每天重新計畫。拋開事業、富裕、外表，以及受歡迎程度。我的目標是生活中有良好關係，留時間給應得的人，並且尊敬他們。

2017 年 4 月

我在沙發客網站找到孟買的下榻處。幸好那裡可以讓我立刻有機會徹底洗個澡——上天保佑！——並且清洗我的衣物。東道主還用一道美味的咖哩讓我開心，真是個非常親切的人！

米雪的飛機會在明天抵達。太陽升起前幾小時我就起床了，

走出屋子，以便準時到機場，畢竟第一印象很重要！街燈故障，巷弄顯得孤單冷清，路邊有一條正在睡覺的狗，我經過時，牠受到驚嚇一躍而起。

混亂的印度鐵路系統令人驚訝地運作正常，所以我比米雪早到達機場，不一會兒便和幾百個印度人一起站在入境區。**有意思！**這棟建築看似一架巨大的生態飛船，發光的柱子像無限大的燃料手臂伸向天花板，又能讓人聯想起超巨大的樹根。等候區布置了熱帶植物和噴泉，因此看起來像一間高檔百貨公司。隱藏擴音器播放令人放鬆的音樂，懶洋洋的，和擠來擠去的印度人形成諷刺的對比。

感覺上過了地老天荒，米雪才終於推開旋轉門，走向擦得光亮的不銹鋼障礙物。她沒有立刻認出人群中的我，我若無其事走向她。我第一個想到是，哇，**她比我想的好看多了**。第二個想法是，**怎麼我沒有比她高多少**。

我倆的眼神在互相擁抱問候之前先交會在一起，這是我倆第一次近距離看進對方的眼睛。她的眸子閃著綠褐色的光，片刻之間好像有人按了相機的快門。在一切恢復正常運作之前，我感覺那個畫面靜靜定格了幾秒鐘。

我剛才還十分鎮定，但在這短短的瞬間，強烈的感覺湧上來。我想：**也許她就是我可以共度一生的女人！**

※

米雪和我在孟買相處了 10 天，一開始我們之間的氣氛有點怪異。一方面我們透過許多對談與電子郵件而覺得裡裡外外都認識對方了，另一方面，我們直到現在才面對面，所以也十分陌生。內心的距離在這個星期中越拉越近，當我們隨著這座生動混亂的城市東走西走之時，我們多次長談，並再度確認，我們對於許多

事情的看法很相似。但是，我倆現在究竟是什麼關係？這個問題仍舊沒有真正水落石出的答案。

「什麼讓你這麼興奮？」第二天晚上，我們一起在附近走動時，米雪問道。

妳！我最想這樣回答，但忍住沒說。然後我突然決定讓事情明朗化，是否真的變明朗或者更加不明朗，我當然不知道……「我吻妳好嗎？」我在一次談話中間沒來由地發問。

「怎麼——什麼……好嗎？」顯然受驚嚇的她回答。

於是我吻了她，我等這個吻已經好久了。**可能有些笨拙，但是——真的吻了！**

※

第一步已經踏出去了！米雪和我都是希望考慮周詳才進入重

要關係的人。關於如何經營我倆的新關係，我們真的想了很多。不少人會覺得才開始不要想太多。但是，如果你想開車，得先考駕照，小心開車不肇事。對我來說，開車比建立美好關係簡單多了。

那時 23 歲的我，經營關係的經驗不多。旅途中我見識過許多幸福、運作良好的婚姻，「你們有什麼祕訣？」我每次都好奇地問那些夫妻，想向他們取經。答案很不一樣，因為每個人各有異同，但他們大多遵循以下的方向：最重要的是誠實，關係中遇到問題及時討論，並且設法解決。**當然了，這每個人都知道嘛！**我總是這麼想。但我相信，到了關鍵時刻人們往往都忘了。

「別把良好溝通交到偶然的手上，」我的菲律賓朋友幾個月前才這樣告訴我，「我們應該為彼此保留固定的相處時間，才能一一討論那些有待處理，而且很重要的事情。以我來看最重要的是：彼此互不隱瞞。」

我繼續深思的是下面這個建議：關係裡的兩位參與者應該獨立自主，可以不依賴伴侶感受到幸福快樂。他們不應在另一個人身上尋求或期待對方滿足他內心的渴望與不足。不然早晚會覺得自己「吃虧了」。自己的幸福快樂自己負責，別把這個責任推到伴侶身上。

第三個關鍵因素，是知曉每個人表達愛意和感覺被愛的方式都不同。有些人因為收到禮物而感受到愛，有些人則相反，要透過讚美和肯定才覺得被愛。

蓋瑞・伽曼（Gary Chapman）在他的著作中，總結並描寫了「愛的五種語言」。愛人或是被愛，他比喻為「語言」，而語言要勤加練習！假使兩位伴侶的「愛情語言」有天壤之別，不消多時便會造成天大的誤解。一方費心讚美，另一方卻可能沒有感受到愛，譬如他其實很需要身體的接觸，並且滿心期待著。因此，了解另一方的「愛情語言」很重要。

「我怎樣才能找出自己的愛情語言呢？」我問米雪，「妳小時候，妳的父母如何向妳表達愛？妳又如何向那些妳喜歡的人表示好感？我們自己的感受就是最好的答案。」

這些觀點讓我倆一開始就有決心，希望我們的關係像一座花園，在悉心照顧下欣欣向榮。

我們共處的那些日子裡，有一次我們要搭開往果亞邦方向的巴士，必須用跑的才可以趕上開往市中心的火車。我們跑得上氣不接下氣才趕上。臨走前，借宿的朋友塞了兩盒清涼飲料到我們手中，上火車後我們打開飲料，把吸管插進軟軟的塑料開口，啜飲雀巢拿鐵瑪奇朵。

我正在手機上規劃路線，米雪笑了起來。

「怎麼啦？」我訝異地問。

她指指我的解渴飲料說：「雖然和我想的不一樣，但我很高興，我們還是喝到咖啡了！」

「我一直認為，我的丈夫應該比我高很多，」米雪離開那天，我們在機場搭電扶梯，我站在她前一個階梯上，她戲謔地對我說，「因為我喜歡穿高跟鞋，但有些人值得一輩子赤腳走路。還有，高度一致有利於親吻。」

「妳不必捨棄高跟鞋，我想那對我們不是問題。如果不行，那我也穿上高跟鞋好了。」我笑著說。

但愉快的氣氛驀地消失，米雪吐露了她的憂慮。「要是你在接下來的旅程中變了，回來時不是原來的你，怎麼辦？」

我妹妹在我出發前也有一樣的憂慮：「**我擔心，等到你回來時，你已經不再是原來的你了！**」「**可是我希望我不再是原先的那個我呀！**」那時我這樣回答妹妹，「**我希望所有經歷可以把我變成一個更好的我！**」

「如果妳改變心意呢？」我反問米雪。

我也在承擔永遠不可能排除的風險。人生是一個過程。不保證我們一定有明天。然而未來的我由發生的事情、想法、感受和決定塑造。「今日的我們決定明日的我們」，我心中浮現大概是約翰·麥斯威爾（John C. Maxwell）說過的一句話。

「但願我們終此一生不斷地改變，只要我們相互改變，而不是分離，一切就圓滿了！」我們在走向米雪要報到的 5 號登機門的路上做了決定。

最後一次親吻後，我把她的皮包交還給她，「我不回頭！」米雪要走時向我保證。她大約走了十步第一次回頭，然後又一次。**我愛這個女生！**

2017 年 4 月

米雪離開後，我在印度又待了兩個月寫我的書。沒有機會在越南寫了。一對我在韓國認識的姊妹花慷慨地讓我住在她們家，她們家在那加蘭邦，經濟條件挺好。這個多雨山區的部族，論及種族與文化都和中印度的居民十分不同。這裡的人比較像蒙古人，而非印度人。起初他們是親近大自然的獵人，直至 1960 年代，他們仍然收集敵人的頭顱當獵獲。但今日他們與周遭和平共處，而且友善好客。

我置身於重重山巒、茂密森林，和奇妙有趣的人共處，在寧

靜的氣氛中完成了這本書的許多章節。相信一個人並且幫助他，卻不知道整件事會如何發展，這樣的人何等慷慨大度！畢竟我將要獨自穿越世界上最危險的中東地區，在旅行結束之前，什麼事都可能發生啊。

我從新德里登上一輛巴士，前往巴基斯坦的拉合爾。基於邊界偶爾會發生暴力打劫，幾輛閃著藍燈的鳴笛警車和士兵保護著我們。一路上我們必須拉上窗簾，巴士後座坐著一位配有機關槍的魁梧印度人。

巴基斯坦人與印度人容貌相似，卻深受阿拉伯文化影響。這也不算太奇怪，因為他們一方面是伊斯蘭國家，另一方面在不到70年前還隸屬印度。我覺得巴基斯坦比印度更遵循傳統，譬如大部分的婚姻仍由父母做主；對新來的人灑花以示尊敬。巴基斯坦男人穿的單色長袍叫做「夏瓦卡米斯」（Shalwar Kamis），凸顯出這個國度的東方魅力。印度則相反，男人的傳統服裝已被大量的長褲、襯衫和馬球衫汰換掉了。

我在拉合爾與逗留斐濟期間認識的幾位朋友共度很長一段時間。這裡的人老是給我出主意，要我若是結婚，一定要在巴基斯坦度蜜月。聽在西方人的耳裡可不像是浪漫的夢想假期，但說真的，我覺得這個點子並不壞。畢竟巴基斯坦物價相當便宜，擁有多元文化，奇特得讓人流連忘返。這段日子裡，我活動的區域相對較為安全，當然，等到我轉到俾路支省時，情況就變了。

俾路支省地跨伊朗東部、阿富汗南部和巴基斯坦西南部，這個省分被部族首領以及

準軍事部隊把持，所以這區域某些地方在法律上不受政府控管。記者頻頻被殺害，與媒體對該區普遍缺乏興趣有關，所以少有訊息傳到外界。非法的毒品和武器交易在這裡有數不清的機會！

如果那裡的武裝分子請人吃子彈，大概是躲藏在一般居民中的塔利班和蓋達組織的戰士，或是分離主義者所為。這個可能性也數都數不清！

2017 年 7 月

我搭乘往俾路支省首府奎達（Quetta）方向的火車，沒有比這趟車程更讓人難受的了。熾烈的沙漠太陽無情地照在金屬車廂上，讓人感覺像在烤箱裡活生生被煨燉。風從打開的窗戶吹進來，像一個吱嘎作響的老舊吹風機，細沙形成的煙霧鑽進裂縫，所有東西都蒙上厚厚的灰塵：椅子、牆壁、電風扇，甚至我們的衣服和臉。

我雖然有車票，但是不代表有座位，因為我必須與一大堆人分享我合法的座椅。這些人是否沒車票，或者是各火車站超賣座位，我不得而知。就算我想吵，奪回我的座位，我也明顯居於劣勢。嚴格來說，我是整列火車上唯一的外國人。我因此和一群穿便服、更換駐防地點的阿兵哥交上朋友。他們乘坐的車廂比較受人尊重，所以我在那裡找到了地方坐。

火車忽然搖擺起來，

啪啦啪啦發出巨大的碾碎聲音。我從污穢的窗戶金屬框向外望，看到車行速度越來越慢。多石的地面只長著幾叢貧脊的荊棘灌木，說生長實為苟活，遠方隱約可以看見幾座染紅的山巒。

前方有一個小聚落，看起來和戰爭片中某個烽火四起的中東地方並無二致。在淺色黏土房舍的屋頂上，好幾個手持機關槍的蒙面人蹲在掩體的陰影裡。空氣因蒸騰的燠熱而閃動，讓這座村子的外圍顯得朦朦朧朧。

嘶嘶聲中，火車停了下來，我在路上某處看到一個藍色招牌，上面寫著 Mushkaf 的名字。**會不會是某位軍事領袖的據點？**我揣測。

我旁邊一位穿便服的阿兵哥也往窗外望。他穿了一件深藍色的「夏瓦卡米斯」，留短鬍，剪了一個威武軍人的髮型，左眼下方有一道疤，下巴線條分明，手臂毛髮濃密，無不強調出他的男子氣概。他的兩顆門牙間裂開一個窄窄的缺縫。

「淋浴？」他探詢的臉轉過來，直截了當問我。

我不解地盯著他。此刻我雖然很想淋浴，但我不懂他為什麼偏偏在這個時候提出這個問題。**他怎麼從眼前的景象想到淋浴？尤其要在那裡洗呢？這裡沒有水啊。**我不太確定地點點頭。

「來吧！」他說，示意我跟他走。我與另外兩個阿兵哥跟著他一起跳下火車，朝有一圈牆圍起來的黏土房舍聚落走近。

屋頂上有個男人命令我們露出面孔，原地站立。他身後一個小型掩護下的架子

上，有一架準備就緒的機關槍。我們帶頭的人與屋頂上的男人和另外兩個從屋內跑出來的人開始對話，我不知道他說了什麼，但最後我們獲准繼續走。走入聚落，灰塵從我們腳下揚起，在我們的齒縫間擦出聲音。

我們走到一個有一口井的小廣場，但當我們充滿期待往下看，看見約 15 公尺深的地方只有一個小小的泥坑。「繼續找，」牙齒有缺縫的阿兵哥朝聚落的邊緣示意。

我們在大約距離鐵軌一百公尺遠的地方找到一口更小的井，井口砌有一圈及膝的石牆。我們把木頭蓋子往旁邊移開，丟一顆小石頭進去，底下傳來一記「咚咚！」，是這裡沒錯。一位阿兵哥抓起纏在石牆一根橫桿上的繩子，解開一段。然後用繩子末端繫緊水桶，扔進井裡，然後開始轉橫桿上的曲柄。盛滿的水桶快回到上面來的時候，我把它拿給牙齒有缺縫的男人。他很享受地把水往頭上倒，我們立刻又打上滿滿一桶水。我才把美妙的水淋到身上，正要打第三桶水之際，火車大聲鳴笛——要開動了！

我們慌張地把水桶往井裡一扔，拔腿就跑。火車已經開了，我們加快腳步，好在月台上趕上最後一節車廂。我們真的在最後一刻趕到，扭開車門把，但是——門鎖上了！

這不是真的！這列火車有一半車廂運載貨物，有人能來為我們開門的機會微乎其微。門後可能只有行李。

「另一邊！」我喘著氣說，然後我們都跳到火車後面的軌道上。**太胡鬧了！**火車這時已經開了一大段路，我們盡全力跑才跟上。我的涼鞋因為水和灰塵變得很滑，我擔心它隨時會棄我而去，或者讓我腳踝扭傷。

我們再一次使出全身力氣縱身一躍，很勉強跳上踏板。我第一個跳上去，牙齒有缺縫的男人跟著上來，然後是另外兩個人。這次門是開的，我們鬆了一口氣，裂嘴而笑。

哇，好像印第安納·瓊斯或是老西部片中的特技喔！

✳

　　奎達接待外國人的飯店只有一家，要在其他家住宿很棘手。這個壟斷當然好好利用了設備，讓一晚的住宿費比普通旅館貴幾乎三倍。我一路上從沒住過飯店或青年旅館，但在這種情況，如果我還想活下去，就別無選擇。就算我要待上 80 年，我也會這麼做。

　　為了少引人注目，我穿上一件黑色的「夏瓦卡米斯」，纏上頭巾遮住我的金髮，並戴上一副太陽眼鏡。穿戴這些後，我看起來挺像個塔利班，但這也是我的目的。**等我回到家，狂歡節就可以這樣扮裝！**

　　在奎達的第一天早上，有三位荷槍警察來飯店接我。沒有這層保護我哪裡都不准去。不過我和警察只能去三個地方：我必須為接下來的旅程申請許可的機構，為了接下來行程而必須造訪的巴士大廳，還有警察局。

　　我在最後一個地點花上最多時間。這間警察局是按照堡壘的藍本而建：水泥築成的內院用裝設鐵絲網的厚圍牆圍起來。四周都是簡陋、灰泥剝落的平頂房屋。後面角落有厚重的柵欄，在那裡可以觀察被關起來的人。警察若是渴了，就從大腹陶罐裡汲水喝，所有陶罐都放在一個陰暗的上坡道上，坡道通往一個狹長的瞭望台。

　　在等的時候，鐵門忽然被推開，一輛銀色 Toyota Mark X 250G 開進警局，擋風玻璃上濺滿了血跡，右邊兩扇窗戶全碎了，車尾玻璃有四個彈孔，左邊的車門有不少凹痕，看起來是右邊的射擊造成的。

　　我吃驚地瞪著這輛車，這時有人打開了駕駛門，我要過了片刻後才明白自己看見什麼：駕駛座上、排檔和其餘座架上，到處沾滿了血。

一位公務員簡短告訴我，這是一次 5 分鐘的成功暗殺。駕駛是某政黨的高級黨員。

中間座架上的血還沒乾，想吐的感覺一湧而上。在這期間，有些東西我已經習慣了，但這個經驗非比尋常。雖然屍體早就不在車上，我卻有在腦海中經歷這場暗殺的感覺。玻璃爆裂，車內的人尖叫，強有力的子彈，短短一秒鐘就打穿並打爛駕駛的身體。接下來是電話鈴聲大作，一通電話，向妻子解釋她的丈夫再也不會回家；孩子將在沒有父親的情況下長大。被撕裂的人生。

我努力恢復鎮定，此時一個身著白色「夏瓦卡米斯」的男士走過來，仔細查看車內的副駕駛座。他忽然低吼了一聲，握緊拳頭敲打車頂，淚水沿著他粗糙的臉頰流到鬍子上。這一幕讓我心痛。**他的哥哥？**我揉揉流下的眼淚。**這是為了什麼？！**

警察局長向我走來，用手肘碰了碰我，要我看旁邊，然後指著那輛車，用不高明的英文解釋：「對我們來說這讓人緊繃，對你也是。」我猜得出他想要說，他們擔心我會遇到同樣的事情。

我嚥了嚥口水。這還真讓我勇氣倍增。還有什麼比真實情景更震撼。這不是電影，是真的；不是迪士尼樂園，是戰區。

✳

不久後，一輛有鋼板加固的越野車載我到巴士站，下車後，又有人陪我登上一輛空車。別人上車之前，我已經坐在車裡了，不必跟一大群等候的巴基斯坦人擠來擠去。除了早餐我沒有再吃東西，但現在沒機會吃了，因為開車前我不准離開巴士。

車子開了。座位全滿，甚至有幾個男人站在走道上。駕駛開得很急躁，彎道很急，車上的行李沒裝好。不斷有東西滾落在我腿上。據我觀察，這輛巴士沒有受保護，也沒有端著槍的人坐在車上；不同於印度和巴基斯坦之間的邊界。**也許不引人注目就是**

最好的掩護，所以我最好把車窗窗簾拉上，只留一個縫隙。

濺血車子的畫面仍然在我眼前，我時刻提防著成排子彈劈哩啪啦射爆我們的玻璃，不然就是有人攔下巴士，綁架我要求付贖金。這種事在這一帶早已司空見慣。我忽然想到：我曾經讀過，目前為止的巴士暗殺行動大多直接用炸彈把車子炸粉碎。不怎麼令人欣慰。或許也沒必要提我是車上唯一的外國人了。當然沒必要。

一離開城市，巴士就停在路中央。車門一下子打開，有人和駕駛座前面的人說話，引起一陣騷動。發生什麼事了？我伸長脖子，緊張地想探出端倪，就在此刻嘈雜停下來，大家都盯著我瞧。我是唯一不明白到底怎麼了的人。我的心跳得好快。**不知怎地，我有非常不好的感覺……**

「來！出來！」駕駛對我喊的聲音很嚴肅。我嚇一跳。**我就是擔心這個！為什麼不叫別人？**我去拿手提行李，但駕駛搖搖頭。「不行。你，過來！」

我的嘴巴發乾，緊張得咬緊嘴唇，猶豫地走下走道。我得從擋住路的人身邊擠過去。

當我走得夠近的時候，我看到出口前面站著兩位黑衣男士，每人手上拿著一把機關槍。我焦灼地估量機會，但是沒有機會。玻璃看起來很堅固，而且被乘客封得死死的。光看那幾把槍，就知道不可能逃走。**我沒有別的法子**，恐怕只能盡量爭取他們的好感了。

As-salāmu ʻalaikum，我禮貌地問候兩位男士，用這裡的人常用的方式：祝你平安！

「國家？」他們沒祝福我平安，反而粗魯地問道。

「德國。」

男士們點頭，然後把我帶到幾公尺外，一個由木板與塑膠棚拼湊出來的遮蔽處。有一點一定要承認，俾路支省的景色美不勝

241

收！夕陽把遼闊的沙漠浸潤在扣人心弦的光亮中，眼前險峻的山巒拔地而起，尖銳的山稜像插入蒼穹的尖鋸齒，帶著點狂野、不馴。可惜此刻我沒有閒情欣賞美景。

一位男士轉而問我：「名字？」

「克里斯多佛。」

「穆斯塔法？伊斯蘭名字！你是穆斯林？」

我差點想說「是」，以贏得眼前這個人的好感。但那是謊話，有違我的原則。

「不是，不是穆斯塔法，克里斯多佛。我是基督徒。克里斯多佛，基督徒；穆斯塔法，穆斯林……」根據經驗，這樣他們最能聽懂我的名字。

這個男人失望地拿起凳子上的一個本子，「護照？」

我立刻從長褲口袋拿出證件交給他。他用一枝油膩的原子筆在空白頁上寫下我的個資，然後把護照還給我。

「簽名！」他指著一個空白處。

這我也照辦了。

他啪一聲闔上那個本子，扔回板凳，然後指著巴士，下巴同時動了一下。

我可以走了嗎？我心想，不太敢相信。

他砸砸舌，似乎認可了。我可不需要他說三次！我匆忙上巴士，回到我的位子。

感謝老天！只是檢查！

❋

我們不喜歡仔細思索死亡，想像那些離我們很遠的事不太舒服，像是醫院、屠宰場或者安寧病房。然而我們遲早都要面臨。一旦死神降臨，許多人措手不及。

德國的情況也是如此。但是跟我造訪過的許多國家不太一樣，那邊的人雖然也覺得死亡令人悲傷，但死神是他們經常不期而遇的訪客。那些地方的死亡率較高，大多數人不是在醫院過世，多半是在世代居住的屋簷下，在親人陪伴下闔眼。頻繁見到死亡不會只帶來負面，還會有正面影響。深入研究死亡，有助於我們把心思專注在重要事物上。那些真正有份量的事。

只剩下一星期可活的人，想必不會花時間為小事爭吵。我在搭巴士前往俾路支省的路上就是這樣。我想到我的家人、米雪，想到我過得很好，還有我這一生的種種。

✳

又趕了一整夜的路，我多次被叫下車接受檢查；這是準軍事部隊的「服務」。萬一我失蹤了，他們起碼能掌握我是在哪一區失蹤的。第六次檢查過後，一位揣著卡拉什尼科夫步槍的巴基斯坦人也上車，介紹自己是我的私人保鑣；也是一項「服務」，友好的表示。後來他成為我鄰座最好的朋友，這個插曲使得接下來的旅程輕鬆許多，為整件事增添個人與親密成分。說實話，我倆甚至相當投契，以至於我挺想回去再來一趟。（媽，立刻忘掉我說的話！）

我順利通過了伊朗邊境。另一邊的士兵讓我繳交護照，然後把我放進一輛軍車，車頂安裝了一台重型機關槍，護送我到一個軍事基地。**我從來沒像在俾路支省這樣，一次看了這麼多武器！**到了基地，他們用另一輛同型車送我到一個街道檢查站，再把我交出去。

等到我終於來到扎黑丹（Zahedan）的公車站，我一共被軍方或警方遞送了八次之多。我的護照全程都在穿制服的人手中，直到這裡才還給我，讓我走直達的路繼續前進。

我搭下一班巴士去伊朗首都德黑蘭。我已經有三天沒洗澡，沒刮鬍子，而且還穿著在奎達時為了避人耳目而換上的黑色「夏瓦卡米斯」。因此，到了伊朗首都，我覺得自己非常不合時宜。這裡的人打扮得很現代，穿牛仔褲、發亮的皮鞋、亮晶晶的腰帶，還有合身的襯衫。

　　「你看起來像宗教極端分子。」我在地鐵向一個男人問路時，他的表情透露這個訊息。我覺得很好笑，**伊朗有位德國恐怖分子！**

　　我注意到，這座城市絕大多數居民的西化程度遠超過國家本身。雖然按照規定要戴頭巾，但許多婦女濃妝豔抹，明顯以行動抵制了頭巾的原始用意。許多女大學生經常「忘了」戴頭巾，電視或手機大方地播放蕾哈娜的音樂影片。同性戀會被處死刑，但男性相互問候時普遍親吻臉頰，我遇到好多次了，甚至有人想直接親在我的唇上，毫不掩飾他們的傾向。

　　鄉村地區就不同了。在穆斯林影響極深的村子裡，氣氛極為不同。有一次一位軟體研發人員邀我去他位於偏僻聚落的家做客，我犯了一個錯，也伸手給他的妹妹打招呼。她驚恐的眼睛張得好大，往後退一步，免得碰到我。女士們當然不敢在房間內與男人獨處；倘若那個男人在孤男寡女的情況下強暴她們，法庭上她們居於下風，也會使得家人蒙羞。以至於婦女對此多半隱瞞，把這個祕密帶到墳墓裡。許多女性甚至把強暴歸咎為自己的過錯，男性在這種事情上應該負責任，卻被大事化小，小事化無。好像他才是慾望的受害者。

　　一位伊朗女友向我轉述她表妹清楚表達的看法：「要是我的丈夫外遇，我會原諒他。他也沒辦法。那個勾引他的女人才該死！」從文化的觀點來看，這些故事距離我們很遠，然而事實上我此時已經很接近歐洲了。

我還要穿越土耳其，很希望快點行動。一來，我盼望與米雪共遊義大利；她這趟出國旅行，最後幾星期會在那裡度過。二來我想念我的家人。思念很深，是回家的時候了。

　　我父親將陪一個北德的少年團隊到南提洛度假，在十天之內就要出發了。若是來得及，我打算去那裡給他一個驚喜！我的父母只有在不感到驚喜的情況下才喜歡驚喜。

　　我和兩位伊朗大貨車駕駛同行，他們要把一批貨運到伊斯坦堡，路上要行經赫赫有名的亞拉拉特山（Ararat）。沿途自然風光從伊朗的乾燥沙漠轉為地中海區綠草如茵的丘陵景觀，上面有繽紛的花圃、柏樹和橄欖樹。牧人放羊群吃草，和風吹拂，昆蟲嗡嗡飛舞。

　　土耳其冰淇淋令我難忘，黏稠到賣冰淇淋的人可以玩出不少花樣。（注意！暗中做個廣告：我後來才發覺，世界上最棒的冰淇淋在薩克森的皮爾納（Pirna），米雪父母親開的 Eiscafé Alfredo。我說真的！我推薦以下口味：芒果、椰子加米布丁！）

　　從伊斯坦堡開始，我又踩在歐洲的土地上了。我加速前進，全力「奔回本壘」！我真的快馬加鞭，只花了三天就橫越東歐，抵達南提洛陽光明媚的拉斯村（Raas），比我父親還早到一天。

　　我心目中的阿爾卑斯山就是這樣！刷上白漆的房子，深色木頭建的陽台，陽台上擺滿花盆，綻放出一片華麗。沿著石板路可以走到僻靜的蘋果園，遠處白雪覆蓋的山巔閃閃發亮。**和鮮奶包裝上的圖案一模一樣！**但我也有點不好意思，**我環遊世界一圈，卻從沒有真正登過阿爾卑斯山！**

過了這麼長一段時間後，可以在街上說德語，隨便和誰都能大聊特聊的經驗真是太奇特了！我一下子就找到父親要帶那團少年來下榻的民宿。我的運氣真好，同一天有一個團退房，但他們多訂了一天。民宿老闆因此讓我免費住在一個他們已經付清費用的房間裡。**柔軟的床墊、淋浴、肥皂。沒有事情再可以阻礙我們歡喜重逢啦！**

　　慎重起見，第二天早上我又洗了一次澡。千萬不可以讓我父親以為他的兒子不修邊幅！我用浴巾把自己擦乾淨，然後走出浴室去穿衣服，幾滴水從頭髮滴到陽光直射房間內的褐色軟木地板上。我確定，**我沒有吹風機！**我坐在床邊套上襪子，聽到外面有低低的關車門聲音，**難不成他們已經到了？**

　　我走到窗邊，拉開精緻的窗簾，停車場上有一輛白色小巴士，旁邊站著幾位青少年還有……**我爸爸！**眼淚突然襲擊，他看起來一點也沒變！他親切的眼神，那副 Aldi 的老花眼鏡。只是頭髮斑白了些。

　　我該怎麼辦？我快快退回後面，免得他無意間發現我。然後我穿上一件淺藍色襯衫，站在浴室的鏡子前，最後一次檢查自己是否適合亮相。統統合格！至少外表看來合格。我的心跳得好快，胸膛上似乎壓著一塊大石頭讓我呼吸困難。**我們四年沒見了！**我們該怎麼見面呢？我長期不在家，不停地換地點，要他來看我也很困難（而且所費不貲）。

　　我悄悄溜出房門，腳上只穿著襪子，快速穿過走廊上的沙土色磁磚。白色牆上掛著過去幾年來過這裡度假的各個青少年團體的照片。走到入口大廳時我停下腳步，小心窺視那個角落。在大廳另一邊，我的斜對面，我父親背對著我站在廚房門口。他穿了一件很舒適的灰色毛衣、牛仔褲和運動鞋。從他的姿勢推測，他正在和某個人講話。

　　我摸索著向他走近，懷著滿滿的期待與喜悅。「您的兒子也在

這裡！」這句話一說出來，我已走到父親身邊，從後面遮住他的眼睛。我拿不定主意如何讓他驚喜。**若是我開口說話，他立刻會知道是我！不過現在大概也瞞不住了。**我還在猶豫，我父親已經轉過身，盯著我的眼睛，然後猛然抱住我，吻我的臉。我的心像一個壓縮機正往裡面打氣的疲軟氣球，三兩下之後，輕輕一記「啪」就裂開了。當下覺得這些年蓄積的情感一股腦兒如同雪崩向我襲來，彷彿血管裡流的是汽水，不是血液！我想要說些什麼，但只在我父親起伏的胸前抽噎，完全無法克制！**爸爸！我小時候的英雄！我的榜樣！**剛才還在我胸口的石頭，落地了。所有一切感覺都輕如鴻毛！

過了好久我們才鬆開對方，互看了一下。他很快抬起手摸我的臉，然後我們又擁抱一次。這一回，眼淚從我們的臉頰上滾落。「再見到你真好！」我啜泣著說。

不知何時我們深吸一口氣，稍微恢復鎮定。民宿老闆還站在我們旁邊，這時另一個帶隊的人也進來了。我真想多和父親獨處一下。父親把我介紹給那位導師，這時其他青少年也走進來。

「你現在感覺如何？」老闆好奇地問。

「我要上廁所，」我父親笑著說，「好長一段路呀。」

謝天謝地！「你可以用我房間的廁所，我帶你去。」好高興，又有兩個人的時間了。

我們在房間裡簡短交換了重要訊息，然後開始談上帝與世界，談了好久。再次和爸爸談話實在太美好了！

　　「你還是和你弟弟的表情一模一樣，」他滿意地表示，「不錯啊，你還保留著一點以前的味道。」

　　我們沒完沒了談到午後，直到他累了，因為他前一晚沒睡，於是我倆在雙人床上睡了半小時。

　　「奇怪，」我父親靠著枕頭若有所思，「你很熟悉，但又有點陌生，不知道怎麼搞的。」

　　我還在咀嚼他說的話，他已經打呼起來了。

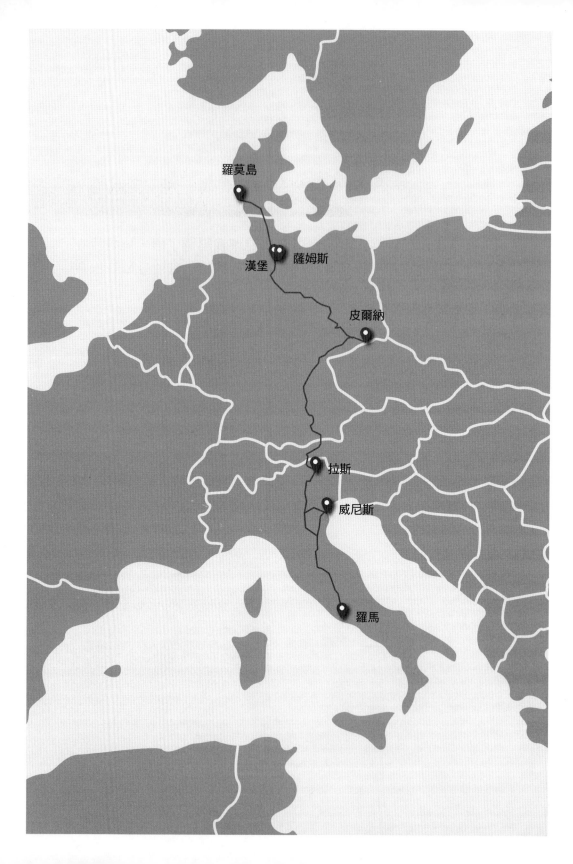

回家

重逢讓我激動萬分,回憶這件事總讓我濕透了眼,但是我在南提洛沒和父親一起待很久。想到終於要回家,很快就能擁抱我的雙胞胎弟弟、小我一歲半的妹妹和我母親,就高興得要命。

回家前我要先去羅馬接米雪。她在義大利讀一年大學的時間差不多接近尾聲了,我們想一起回德國。我們半夜去羅馬競技場野餐,在威尼斯彎彎曲曲的巷弄裡迷路,也在托斯卡尼一座橄欖樹林內點蠟燭露營,眺望一座古老迷人的發光碉堡。米雪和我一路上共度的日子完全超乎想像,只能在愛情小說裡找到同樣的結局。說不定,哪天我們會一起寫一本呢!

❋

過德國邊界和我想像中一模一樣:寒冷的夏風把幾滴雨水吹到我們臉上。我們過境時打開窗戶,雨水也滴在儀表板

251

上。我們很慢地從警察身邊開車過去，穿黃色反光背心的他們對我投來狐疑的一瞥，陰沉沉的天空飄著一朵灰雲。**德國，我好想你！**我忍不住笑出來，**但沒想念你的天氣！**

米雪回到皮爾納的家，我獨自搭便車繼續前往北德，完成剩下的一段路。我妹妹到漢堡接我，我父母和弟弟已經動身去丹麥度假了，住在自我童年以來一直回返的度假屋。

RTL 電視團隊陪著我走最後幾公尺，拍下我與妹妹在門口會合的畫面。我們首先想到的是我們會不會受到干擾？但是很幸運，重聚讓我們欣喜若狂，根本沒注意到攝影機。我妹妹和我非常親。我離開這麼久，她是我母親以外最難過的人。**我的妹妹！在我的懷抱裡！**

我們在當天一起去丹麥的度假屋。現在終於全家團聚了！我的雙胞胎弟弟從來不輕易掉淚，居然也紅了眼眶。**有人因為你回來而雀躍，這是多美好的一件事啊！**

有時候我問自己，如果我與家人重逢不是分好幾個段落——先與我父親，然後是我妹妹，最後是大夥一起——而是同時一起見面，這樣會是什麼滋味呢？

不過我其實很開心事情是這樣發展。因為這樣，我的回家延長為好多個時刻，讓我真正感覺到旅程結束了。我有時間一站一站抵達。此外我不只感到一次重逢的喜悅，而是三次！畢竟大家都說好事成仨！

接下來幾天中，我的父母臉上一直掛著笑容，我父

親宣稱他的面頰都笑痠了。

很有趣，但也很驚人，因為一切竟然跟從前沒兩樣。手足之間扮演的角色，笑話與手勢，都一樣熟悉。我經常覺得，我好像從沒離開過。家人的確是難能可貴的珍寶！

我成長的那棟房子在不久後將不存在。我離開這段期間，父母搬了家，因為老房子隔熱效果很差，冬天即使開了暖氣，仍然必須穿滑雪夾克才捱得過去，所以考慮將房子拆除。我開車去了一趟：老家看起來空蕩，孤單又雜亂。看起來很糟，但這對我不重要。房子不是家，家是有人疼愛你的地方，所以我在旅途中從不覺得寂寞，我身邊一直有人親切地與我往來，並且分給我一些家的感覺。就像我現在在家裡一樣！

我越來越常有好像從來沒離開過的奇異感覺，尤其是再見到過去幾年中一點都沒變的人和地點，這種感覺便會湧上來。例如我以前讀過的學校，我尊敬的鄰居。

但是我大部分的朋友都變了。他們這段期間都受完職業訓練，不是上大學就是工作了。而我呢？我已經 24 歲，沒有受過職業訓練，沒上過大學，也沒有工作。我是否浪費了四年的生命？這個問題很容易回答：沒有浪費！

環遊世界就是我獨特的職業訓練。基本上我四年來一個接一個實習，當過園丁、船上雜役、導遊、加油站職員、水管工、演員、廚師、模特兒、實驗小白鼠、馬廄掃糞工、家教、派對導遊、演說者、清潔工、水閘助理、建築工、煤礦工、舵手、銷售員、翻譯、程式設計、裝運工、木匠、淘金工、作家、收穫季雇工、漁夫、保母、服務生……清單無限長。我從不同領域學到很多實作技能。我現在能為船隻確定航線，修理阻塞的水管，徒手生火，掏出魚的內臟，看管水閘，還有很多別的工作。德語之外，我會說西班牙語、葡萄牙語、英語、義大利語，還有差強人意的韓語。

　　除了這些，我也找到無數珍貴無比且不願錯失的寶藏。我學到用不一樣的眼光看人生，這在一定程度上讓我重新審視周遭，也重新發現自己，認識我的新優點、沒自覺到的缺點，並針對熟悉的觀點提出質疑。我以純屬個人的方式認識了上帝，而我之前根本不認為能達到這個境界。

　　我學到擁有非常少但很快樂，不僅快樂，還非常滿意。我學到心存感激，不是像喃喃自語說一句客氣的「謝謝」，也不是有人打了個噴嚏就對他說「保重」那樣，而是為我生活中收到的大小禮物，真正發自內心的感激之情。一頓好飯、一次熱水澡、一個溫暖親切的家庭，和一個和平的家園。

　　我上了一所人生學校，這裡學不到大學課程；但我看到了以前連做夢都不敢奢望的東西！沒有哪項職業訓練能讓我說出那麼多人與文化的故事，這些都是我在過去幾年親身經歷到的。

　　不要忘記還有一點：我在路上建立起許多友誼，這些友誼現在都還在深入發展。我架起了一個關係網絡，這張網確實遍布全世界。許多朋友已經計畫好要相互拜訪。

　　這趟旅程最後送給我一個最大的驚喜，我猜想，世界走透透的人不一定能在繞了地球一圈後帶回這樣一個人：女朋友。或許

該說，我未來的妻子！

2017 年 12 月，我和米雪重返羅馬，回到我倆最喜愛的圖拉真柱時，我向她求婚。我彈吉他唱一首自己寫的歌，點了一圈蠟燭然後跪下來。招數有點俗氣，但不能免！她答應了。我們自己打婚戒，其中有一部分是我在圭亞那淘洗的金子。我迫不及待想和這個女人組成無與倫比的團隊，同甘共苦！

回來後，我在達姆城附近就讀神學課程。如果有人問，休息這麼久之後是否還具備「上學能力」？答案是肯定的。至少我沒有問題。這當然與我旅行時不斷看書和學習有關，我學了多種語言，閱讀許多不同工作的指南，研究令人著迷的發現，並且大量閱讀手邊的書。

重返規律的日常生活對我也不是難事。一路上我很多時候過著嚴格規畫的生活，例如駕帆船時的分班制，雖然辛苦，但是我非常喜歡。只要將一天的時間組織分配得當，你就能有效工作！

上大學之餘有限的閒暇，我用來和未婚妻做一些小小的探險，並且藉我放在 YouTube 頻道上的影片，回答其他渴望旅行的人提出的問題。因為我很想支持別人實現夢想。我的旅程也是多虧有許多人拔刀相助，給我建議，為我打氣，給我支持、款待、時間、分享經驗。因為有他們支援，我才真正實踐了我的計畫：口袋帶了 50 歐元環遊世界，一次飛機也沒搭過。回家時我收穫滿滿，成為一個富足的人。

✳

如何過這一生，絕大部分操在自己手上。很多人心頭都擱著一句話：「我一直都想要⋯⋯」至於這句話的下半句如何，每個人都有自己的腳本，這樣很好。對我而言，下半句要填的是環遊世界，別人可能想要截然不同的東西，重點是，別只繞著願望打

轉，而是下定決心說：「我將要……！」假如我這本書可以給你一股小小的推動力，我會非常開心！

探險不是讓自己身陷重重險境，而是遇上不期而遇。我把整趟旅程中內化的觀點，帶入了現在的新人生階段：「別擔心，若是發生了意外，通常就是最好的。」

我的下一場探險開始了，就是現在！

謝詞

　　書名之下雖然有作者姓名，但這本書確實是一部多人參與才完成的作品。

　　首先要謝謝最高位的上帝，凡事我皆感謝祂。

　　我的父母為我所做的一切非言語能形容，謝謝你們每天賜予我們的愛，謝謝你們的鼓勵與安慰，謝謝你們為我祈禱，當我們的後盾，無條件支持，並信任我們。謝謝你們教會我們價值觀與人生觀。

　　沒有這些，這趟旅行不可能成真。

　　謝謝我的妹妹安娜朵瑞、弟弟班乃迪克，從小他們就聽我說這場夢想中的探險，所以他們是有所準備的 ;-)。

　　謝謝米雪，我的夢中情人、急難救援者、心靈伴侶、摯友，以及我此生的喜樂！她是我胡思亂想背後的天才 :-)。

　　謝謝我的祖父母：葛蕾塔、漢斯—海因里希，英格、魯迪，謝謝你們為我們付出的時間與精神，我們是一家人。你們給了我靈感，讓我知道如何慷慨溫柔地餽贈、如何經營生活。謝謝你們不求回報的支持、愛與照顧，我們的家才能成為溫暖的家園。

　　此外，謝謝我眾多無與倫比的堂表兄弟與姊妹，姑姑、阿姨、舅舅、叔叔、伯伯。

　　謝謝 Yanbemo Lotha、Mhasivonou、Areni、Christina，以及 Longshio Humtsoe，謝謝你們的款待、慷慨和仁慈。這本書能夠完成，你們出力甚多！你們給予的協助和寶貴的友情，我難以言謝！謝謝 Nzan、Chumbem、Lijan、Lijan 的父母、Akhrieo 和 Lotha Tribe!

　　謝謝卡羅琳娜・昆恩（Karoline Kuhn），妳不懈不怠地修潤書稿，把最好的一面呈現出來，謝謝妳與我們分享妳的才華。謝謝

adeo 出版社！

謝謝尤莉（Juli），常常耐著性子等她很晚才回家的媽媽。

謝謝羅‧福克斯（Lou Fox）的封面照片，更豐富了這本書。

謝謝緹娜‧陀歇爾（Tina Teucher）從一開始就信任並鼓勵我！妳促使我實踐計畫！

謝謝約恆與克勞蒂亞‧霍夫曼（Jochen, Claudia Hoffmann），你們的冰淇淋別家都比不上，謝謝你們幫助、你們親切和善的招待，謝謝你們天下無雙的女兒！

也謝謝咪妮在無私、博愛、犧牲小我和生活喜悅上給予的無限靈感。

謝謝大衛和耶希‧何萊（David, Jeschi Holey），你們告訴米雪，我就是她對的人，謝謝你們為我們祈禱 ;-)。你們活在信仰中堪稱典範！

謝謝諾拉、歐帕‧霍夫曼（Noah, Opa Hofmann），鄔琪（Uschi）和 Alfredo 團隊。

謝謝 BHA：Hannes Fuchs、Hendrik Reinke、Robin Wegener、Leonard Rehfeld、Ole Werner、Eric Wohlgetan，你們是友誼的最佳示範！

此外，謝謝許多好友與熟識！

謝謝 Adam Yalcinöz 和 Sammy Frey 兩位超級天才的室友，謝謝你們的支持、鼓勵，以及我每天都從你們身上學到的東西。你們精采絕倫！

我想致上個人感謝詞的名單很長，可惜已經超出篇幅了。（言謝尚不足以表達於萬一！）但我至少盡可能具名表達我衷心的感謝：

德國
Tino Schumann
Jörg und Dorothea Eymann
Willi Lanek
Peter Sutter
Gabi Meier
Frank Heinke
Milan Langer
Philemon Schott
Thorben Kreienbring
Jan Nickel
Jakob Justus
Micha Bührle
Markus Schäfer
Florian Tschapek
Finn Lucas Van der Velde
Sorush Ghods
Cynthia Sieber
Gideon Aßmus
Sabrina Buss
Misgana Gebremichael
Luisa Kolb
Paul Pfister
Miriam Dominique Popp
Manuel Rose
Jeremy Seelinger
Dominic Zimmerli
Marco Bergelt
Michael Schweitzer
Esther Koch
Doris Müller
Christina Kunz
Mirjam Schmidt
Duygu Aygül
所有為我祈禱過的人

荷蘭
Peter Hikspoors
Leon Strikwerda

比利時
Christophe Sepot

法國
Wilfried Texier
Arpege Lagaffe
M. Jaque B.

西班牙
Enrique Pavés Jiménez
Sonia und Sebastian Castaño
Jorge und Jodie

義大利
Stefano Dagnoli
Roberto und Nok Gaziello
Matteo Chiarelli
Timoteo Pancin
Fabrizio & Sergio
Fabrizio & Tanja
Sonnenhof in Raas

英國
Besatzung der „Te Natura"

愛爾蘭
Gerry (von „Justins Odyssey II")

委內瑞拉
Piter, Adela, Thais und Bisley Jimenez
Eleazar & Any Gamardo
Pastor Juan
Familie von Omar und Romeo in Curiapo
Jose Armando
Arature Dorf

圭亞那
Roy Gooding
Melissa und Manella Ramkaran
Marwin, Eugene und Dave in Aranca
William in St. Martin
Marc (nach Kaikan)
Arau Dorf

巴西
Jeronimo, Elyziane und Familie
Manoel Andrade und Familie
Igrej Batista Bíblica Renovada
Felipe und Familie Vazami

Filipe Faraon und Familie
Camila Costa
Mario Sérgio Guimarães
Deivid Mineiro
Eliane Lemos
Francisco Alferes Thesco
Paulo Ivan de Oliveira

秘魯
Armanda Cornejo
Berto aus Arequipa
Carla Perrein, Yadira und Familie Taipe
Golber Alan Acosta Saldaña
Pedro Pablo und Vater
Fredy Ramos Barrios

玻利維亞
Mariana und Juliane Chavez
Familie von Abiel in La Paz
Arco Iris in Uyuni

阿根廷
Sebastian, Flo und Facundo Ponce

厄瓜多
Daniel Quevedo
Juan Francisco Ledergerber

哥倫比亞
Nadya Stephy
Nancy, Juan Alejandra Guasca
Mariluz Fuquen und Familie

哥斯大黎加
Daniel Foulkes

巴拿馬
Susy Rios

南非
Cedric Brown

魁北克
Ray

美國
Daniel Gann
Tony und Keith (Citylight)
Lauren Kish
Josh Rios

瑞士
Familie Kaiser

瑞典
Goeran Persson

挪威
Tor Dahl
Idunn und Familie
Greta und Tom (Raratonga)

斐濟
Apisai Domolailai

萬那杜
Chief Isaac Wan
Repacksvir Village
Kevin in Ouere

菲律賓
Henry, Adelina Fe, Fort,
Henadel und Dominic
Remigio
Albert, Lisa, Gilda, Cherissa
und Alyssa Yap
Jane and James Matriano
Elvin und Kaye Villar
Pat & Cristina Catubig
Mark Esperancilla
Dioshame Cruzada
Therese und Familie aus
Manila

南韓
최용문 und seine Frau Nepels
Doyoon Kim
Inhong Kim, Familie und
Gemeinde
Young Joon Chun
Nayul Lina Kim
이미래 und
희진 und

Yun Sup Park
Gyung Tak Sung
Hyungjin Jacob Cho
Leo Rhee
Yeasl und Chris Rowe

日本
Familie Kawamoto
Shintaro Kondo
Yumi Tabaru und Familie
Mitsumasa Uchigaki
Ein Ehepaar aus Fukuoka
Kisuke Nishikawa und sein
Freund
Yadoya Guesthouse in Tokyo

中國
Suzy und Peng Bo Li
Ehepaar aus Baoding
Lorin

越南
An Nguyen, Trung o, Toan,
Hân

泰國
Jame, Pe Nyng, Pe Po,
Kookkai

科威特
Mohammed

馬來西亞
AJ Anthony

尼泊爾
Nepels

俄國
Alexandr Nekrasov
Andrey Yakushev
Alexandr (im Norden von
Phuket)

印度
Mr. „Bikash Nandi Masunder"
Jimmy Naliyath und Familie
Arnie Rumberfield und seine

Mutter
Bankas und Sodid
Pramod Saha, Titu, Mantas,
Sanji...

巴基斯坦
Familie Bishop Asher Khan
und Gemeinde

伊朗
Farhad und Tara Toosi
Hossein aus der Nähe von
Nazarabad
Vahid & Hassan aus Tabris

波蘭
Adam & Asia Dzielicki
Marcin Sky Lanc

土耳其
Merve Akarsu

奧地利
Mathias Brugger

寫給背包客的 55 個窮遊建議

準備工作

1. 申請護照,確定護照的有效時間夠長(大部分國家要求至少 6 個月的有效期)。

2. 至少在三個月之前打聽清楚申請入境國家簽證的要求。必要時,你可以在很多國把護照寄回家,申請國外不簽准核發的簽證。至於細節,你必須在那個國家的大使館網頁上搜尋。注意:應該是駐在你的國家的大使館,譬如你要申請印度簽證,請參閱「印度駐柏林大使館」網頁。

3. 出發前完成所有必須的預防注射,家庭醫師或某個熱帶研究機構會告訴你,哪些國家需打哪些防疫針。

4. 在 www.couchsurfing.com 註冊帳號,先自己接待背包客,別人對你的評價越好,日後別人也就更願意接待你。此外,你認識了來自世界各地的人,可以向他們打聽該國的種種,獲得很好的旅遊建議。

5. 如果你想靠很少的錢旅行,購買海外醫療險是對的。最好向專門人員諮詢。其中關鍵是碰到「醫療上迫切」或者「醫療上明智」的情形時,將病患運送回國的差異。「醫療上迫切」會給你保障,當你置身的外國醫療設備不足;「醫療上明智」會處理運送回國,如果在家復原比較快的話。我建議選後者,雖然它費用較高。

6. 基本上每位背包客傾向帶太多東西，請盡量遵守下面這個基本準則：不是每星期都會用上一次的東西，就留在家裡吧。網路上到處都找得到詳細的打包清單，因此此處只列出幾樣對我助益頗大的東西：

- 一卷絕緣膠帶、一把折疊刀、一條細而牢固的繩子
- 幾支供你寫搭便車紙板的油性筆
- 半捲衛生紙（用途不解釋），拆掉中間的圓筒紙板比較省空間
- 一個附蚊帳的吊床。在熱帶地區確實比睡在帳篷裡舒服。斜躺在吊床內（約 45 度），你的背不會歪扭。
- 睡墊
- 一頂有很多釘和備用釘的帳篷
- 值得花錢買一雙好鞋和一個好背包
- 7 件內衣，7 雙襪子，3 件 T-Shirts，3 條長褲（溫暖地區二短一長），1 件毛衣，1 件夾克。可以多帶些衣服就不必經常清洗，代價是重量增加。衣服很重也占背包容量。
- 一壺水，城市內 0.5 公升至 1 公升水便足夠，到城外最好帶 1.5 至 3 公升的水。有必要先打聽當地自來水可否生飲。我幾乎在每個地方都喝自來水，沒遇上麻煩。擔心的話，攜帶霍亂藥物，或者讓水沸騰 3 分鐘，或是過濾後再喝。

7. 一旦裝備齊全，先做個測試旅行，以便知道裝備是否還有不足。也許過程中你便發現還應該帶哪些東西，或者哪些可以留在家裡。收集第一次搭便車的經驗。此外你將發現，你對旅行的想像與真實情況相差不遠。

住宿

8. 睡在帳蓬裡、吊床上或者當沙發客最經濟實惠。

9. 如果睡在城市的戶外，絕對不要選在黑暗、冷清的角落！找熱鬧的地方，譬如加油站、醫院、警察局、有夜間警衛的建築物或類似的地方。單獨旅行的女性也許不一定非要在戶外過夜。如果妳會演奏樂器，表演雜耍，或製作手飾（手環等），就能靠這些支付青年旅館的費用。

交通

10. 為了節省費用你可以搭便車，或者你有時間也不會暈船，可以到帆船或遊艇上工作。關於後者，在當地達成協議一向比經由網路連絡好。

11. 有些國家的大眾運輸工具非常實惠，值得一用。

12. 若是帶著手機上路，先下載有用的應用程式，譬如當地的公車應用程式和離線地圖。我推薦 Maps Me。

給搭便車者的提示

13. 要有耐心，有時候要等 5 小時才有人願意載你。

14. 長途搭車前別喝太多水，誰知道下一個廁所在哪裡。

15. 加油站、休息站、餐館或者商店後面往往可以找到紙箱，你可以寫搭便車的紙板。別忘了油性筆！

16. 站在方便汽車停下，汽車駕駛有時間考慮是否載你一程的地

方，最適合的地點是加油站、紅綠燈或者停車場。如果你親自開口問，就有絕佳的機會。

17. 在紙板上寫下方向、最近的幾座城市名稱，譬如不要只寫「柏林」，而是「A2 公路往北，德勒斯登、萊比錫、肯尼茲（Chemnitz）」。開車經過的人對你的目的地資訊掌握得越多越好。

18. 從休息站到休息站，別離開高速公路，除非有人送你到你要去的城市。否則，重回到高速公路要花很多時間。寧可提早在前一個休息站下車，也不要太晚下車。

19. 盡可能衣著整潔，不引人側目以及（女性）不挑逗，不要戴太陽眼鏡，要讓人看得見你的眼睛。草帽倒是會讓你顯得和藹可親。微笑！表現得越無害，越有人願意讓你搭便車。

20. 一旦找到了搭車機會，利用時間問駕駛一些友善有趣的問題，多認識別人的生活，一定能拓展你的眼界。

21. 先在地圖應用程式上研究好路線，只要有機會就為手機充電，這樣一來，任何時候都能打電話求援。帶一個行動電源也很好，最好是你永遠有一張實體地圖在身邊，以備手機忽然停擺。

22. 準備充裕的食物和飲水，免得在休息站多花錢採購。

給女性的提示

23. 隨身攜帶防身噴霧。

24. 別在晚上趕路，只選熱鬧的地方站立。

25. 即使天氣暖也穿長袖，妳露出的肌膚越多，提供搭乘服務的人的動機就越不可靠。

26. 如果覺得不安，把車子的特徵記下來，用簡訊傳給一位朋友。

27. 詢問駕駛的家庭、朋友和他的工作，如果沒有答覆或者聽來怪怪的，盡快下車。

28. 永遠都不要告訴別人妳的手機沒電了。

29. 觀察妳所在國家的文化，當地人對待婦女的態度。在許多國家原則上最好不要獨自搭便車。

飲食

30. 在當地典型的市場購物，或是從超市買最經濟實惠。至於有哪些可買，每個國家都不同，比較一下價格就會知道。通常可比較燕麥片、米、古斯米、麵包、香蕉、馬鈴薯、玉米等的價格。

31. 如果你的良心與腸胃可以協調好，在高度開發國家可以去翻垃圾桶（意思是說，在超市的垃圾桶裡搜尋過期或被丟棄的食物）。

32. 許多餐館願意讓人做工換餐，只需開口問。

安全

33. 外表看起來沒什麼好偷的，是最佳防賊措施。把昂貴的首飾、手錶和諸如此類奢侈品留在家裡。

34. 在許多國家可以把內褲、胸罩或長褲送去縫內袋，服務收費低廉。內袋是重要物品與證件的完美藏匿處。

35. 事先打聽那個國家如何對待旅客，很多地區已經有人寫部落格了。

36. 如果你打算在一個手機收不訊號、無法充電的地區長期旅行，GPS 是個不錯的選擇。我對 SpotGen 這個牌子很滿意。你的家人可以偶爾得知你尚在人間的訊息，他們會很高興。

37. 永遠不要太快就與人結伴，先提一堆涉及不同細節的問題；說謊的人痛恨細節，他們會試著用似是而非一筆帶過。信任你的直覺，通常我們很快就能察覺出某人是否可以信賴。

38. 當有人開口就喊你是「朋友」時，永遠心存疑慮；他們百分之八十另有算盤。如果這個人多次強調你在他家很安全，無須擔心什麼，你就更要提高警覺。

疾病預防措施

39. 如果你主要想待在荒野，應該攜帶預防感染與創傷的藥膏、繃帶以及抗生素。

40. 蚊帳、長袖衣褲、防蟲噴劑是預防最容易罹患、也極度不舒服的熱帶疾病的最佳方法。別小看了！

41. 這是老生常談：保養好你的牙齒！牙痛要人命。在國外找一位適合的牙醫並不容易。

42. 切記，永遠要喝夠水，並且儲備足夠的水。你每天需要喝 2.5 到 5 公升的水，端視氣候和身體勞累程度而定。許多山區的溪水可以飲用，但必須是流動、清潔、氣味沒問題的水才行。理想的情況是，上游沒有文明設施。如果水沁涼，那就更好了！

43. 如果你走很多路，一定要帶水泡貼布，若手邊沒有，多穿幾雙襪子權充墊子。

44. 如果常健行，一定要勤於更換內衣褲，摩擦較多的部位尤其要清洗乾淨。否則細菌會刺激受磨蹭的皮膚，每一步都會疼痛不堪。健行的路上，多帶幾條內褲吧！

網路

45. 許多國家的公共場所、休息站或咖啡館都有免費無線網路可用。

46. 你可以在大城市的蘋果專賣店，或者其他 3C 用品店使用免費網路測試儀器。

47. 有幾個專供智慧型手機使用的 App，可以先下載已經使用過的人分享的無線網路密碼，譬如 Wifi Master Key 或者 WiFi Map。注意：要有網路才能使用！ WiFi Map 的密碼可以先存起來。

溝通

48. 想要相互理解的人多半可以湊合得過去。下載離線翻譯到手機裡絕對有用。Google 翻譯就提供這項服務。假如你會說英語，請用英文翻譯；英文翻譯品質比從德文翻譯過去好上太多了。此外，在手機上安裝你前往國家使用的鍵盤，這樣和你談話的人才能順利輸入。

49. 如果你打算長時間停留在某個國家，學習該國語言的重要詞彙一定有用。若有人注意到，你努力地說他們的語言時，很多扇門會因而打開。因此，請下載一個應用程式，等待時或者沿途不斷反覆練習。我非常推薦 Memrise 這個應用程式。字彙比文法重要得多。別害羞，儘管開口。

找工作

50. 在已開發國家，www.craigslist.org 可以提供良好的求職服務。

51. 無論你在何處，要到處打聽、問人。透過關係和朋友幾乎都可以找到工作。前提是你不挑剔。

52. 臨時工不需要證明，從來沒有人要我出示證明過。一份完善的履歷足以打開很多扇門。

基本原則

53. 人是通往一切的關鍵：工作、樂趣、資訊等等。保持友善親切，試著盡快觀察出那個國家的禮節與風俗，避免引人側目。

54. 微笑、提問是展開對話的最好方式，也許你打算問路、請對方推薦等。態度開放正向的人，大多也會遇見同類的人。

55. 許多國家的人很好奇,喜歡和別地方的人交換訊息。此外,較不發達國家的人大多有很多時間聊天。你會很開心的!

照片:Christopher Schacht / 彩頁 4-5, p. 50-51: Felipe Monteiro Vazami / 彩頁 6-7, p. 69, 78: Wilfried Texier / p. 180: IOFIT / p. 257: Micha Bührle / 彩頁 16: Jörg Steinmetz
封面:Lou Fox
地圖:Werner Müller-Schell / shutterstock

國家圖書館出版品預行編目資料

我 19 歲，沒錢也要世界闖一圈 / 克里斯多佛.沙赫特 (Christopher Schacht) 著；楊夢茹譯. -- 初版 . -- 臺北市：商周出版：家庭傳媒城邦分公司發行，2019.04
面；　公分. -- (Live&learn；50)
譯自：Mit 50 Euro um die welt : wie ich mit wenig in der tasche loszog und als reicher mensch zurückkam

　　ISBN 978-986-477-649-8 (平裝)

1. 旅遊 2. 世界地理

719　　　　　　　　　　　　　　　　　　108004668

我 19 歲，沒錢也要世界闖一圈

Mit 50 Euro um die Welt: Wie ich mit wenig in der Tasche loszog und als reicher Mensch zurückkam

作　　　者 / 克里斯多佛‧沙赫特（Christopher Schacht）
譯　　　者 / 楊夢茹
責 任 編 輯 / 余筱嵐

版　　　權 / 林心紅
行 銷 業 務 / 林秀津、王瑜
副 總 編 輯 / 程鳳儀
總 經 理 / 彭之琬
發 行 人 / 何飛鵬
法 律 顧 問 / 元禾法律事務所 王子文律師
出　　　版 / 商周出版
　　　　　　台北市 104 民生東路二段 141 號 9 樓
　　　　　　電話：(02) 25007008　傳眞：(02)25007759
　　　　　　E-mail：bwp.service@cite.com.tw
　　　　　　Blog：http://bwp25007008.pixnet.net/blog
發　　　行 / 英屬蓋曼群島商家庭傳媒股份有限公司城邦分公司
　　　　　　台北市中山區民生東路二段 141 號 2 樓
　　　　　　書虫客服服務專線：(02)25007718；(02)25007719
　　　　　　服務時間：週一至週五上午 09:30-12:00；下午 13:30-17:00
　　　　　　24 小時傳眞專線：(02)25001990；(02)25001991
　　　　　　劃撥帳號：19863813；戶名：書虫股份有限公司
　　　　　　讀者服務信箱：service@readingclub.com.tw
　　　　　　城邦讀書花園：www.cite.com.tw
香港發行所 / 城邦（香港）出版集團有限公司
　　　　　　香港灣仔駱克道 193 號東超商業中心 1 樓
　　　　　　E-mail：hkcite@biznetvigator.com
　　　　　　電話：(852) 25086231 傳眞：(852) 25789337
馬新發行所 / 城邦（馬新）出版集團【Cite (M) Sdn. Bhd.】
　　　　　　41, Jalan Radin Anum, Bandar Baru Sri Petaling,
　　　　　　57000 Kuala Lumpur, Malaysia.
　　　　　　Tel: (603) 90578822 Fax: (603) 90576622
　　　　　　Email: cite@cite.com.my

封 面 設 計 / 李東記
排　　　版 / 極翔企業有限公司
印　　　刷 / 韋懋實業有限公司
經 銷 商 / 聯合發行股份有限公司
　　　　　　電話：(02) 2917-8022 Fax: (02) 2911-0053
　　　　　　地址：新北市 231 新店區寶橋路 235 巷 6 弄 6 號 2 樓

■ 2019 年 4 月 11 日初版　　　　　　　　　　　　　Printed in Taiwan
■ 2021 年 9 月 8 日初版 2.1 刷
定價 399 元

城邦讀書花園
www.cite.com.tw